1001 Träume

1001 Traume

*Traumbilder und
was sie wirklich bedeuten*

Jack Altman

moses.

1001 Dreams
All Rights Reserved
Copyright © Duncan Baird Publishers 2002
Text copyright © Duncan Baird Publishers 2002
Commissioned artwork copyright © Duncan Baird
Publishers 2002

© 2003 für die deutsche Ausgabe:
moses. Verlag GmbH

moses. Verlag GmbH
Hülser Straße 21-23
47906 Kempen
Telefon 0 21 52 - 20 98 50
Telefax 0 21 52 - 20 98 60
E-Mail info@moses-verlag.de
www.moses-verlag.de

ISBN 3-89777-154-3

Alle Rechte vorbehalten.

Übersetzung aus dem Englischen:
Peter Simon, Wien
Redaktion und Satz der deutschen Ausgabe:
Print Company Verlagsges. m.b.H., Wien
Titelillustration: Grizelda Holderness

Printed and bound in Singapore by Imago

INHALT

VORWORT

Psychologische Traumtheorien können in zwei Gruppen geteilt werden. Einmal einfach als Verarbeiten und Abladen unerwünschten mentalen Materials durch das Gehirn am Ende des Tages, so wie ein Computer unnötige Daten löscht, bevor er abgeschaltet wird. Die zweite betont, dass Träume korrekt interpretiert wertvolle Einsichten in unser Unbewusstes bieten. Nach mehr als 25 Jahren Beschäftigung mit Träumen in vielen Bereichen der Psychologie zweifle ich nicht, dass diese zweite Theorie stimmt. Jeder von uns träumt jede Nacht ungefähr zwei Stunden, und mit einiger Übung kann man sich an diese Träume erinnern und sie studieren, um zu tiefem und umfassendem Selbstverstehen zu gelangen.

Natürlich enthüllt nicht jeder unserer Träume verblüffende Geheimnisse. Der träumende Verstand dirigiert unsere Fantasien. Vieles aber in den Träumen baut sich um Themen herum auf, die Hoffnungen und Ängste, Enttäuschungen und Ziele offen legen und oft in Kindheitserinnerungen zurückreichen. Da Träume Gehirnregionen betreffen, die älter als die Sprachzentren sind, wird ihre Bedeutung eher symbolisch als in verbaler Form ausgedrückt. Viele dieser Symbole sind an die Person des Träumenden gebunden, dogmatische Interpretationen der Traumlexika sind daher oft irreführend. 1001 Träume bietet statt dessen gut erforschte Leitlinien, mit deren Hilfe Sie die Bedeutungen selbst erschließen können. Damit wird auch viel von der Farbenpracht und der Spannung von Träumen eingefangen. Die Lektüre kann neue Dimensionen in Ihr Traumleben bringen und Sie in die Lage versetzen, tiefer in die faszinierenden Geheimnisse der eigenen Seele einzudringen.

Professor David Fontana

EINLEITUNG

Von den antiken Philosophen über religiöse Weise und Anhänger der Esoterik bis zu Psychoanalytikern, Psychologen und Gehirnforschern versuchten schon viele, die erstaunliche Vielfalt der Bilder zu verstehen, die das Gehirn im Schlaf produziert. Die hier gebotenen Bedeutungen der 1001 Träume ziehen die Ansätze verschiedener erfahrener Beobachter des Traumphänomens heran, insbesondere – aber keinesfalls ausschließlich – die der beiden Giganten auf diesem Gebiet, Freud und Jung. Freud, der Träume als den »Königsweg zum Unbewussten« bezeichnete, und seine Traumdeutung – eigentlich sein gesamter psychoanalytischer Ansatz – betonen unbewusste Wünsche, besonders sexuelle. Jungs Zugang beruht auf dem Konzept des »kollektiven Unbewussten« und der universellen »Archetypen«. Moderne Traumtheoretiker bauen auf den Arbeiten dieser beiden auf, aber auch auf neuen Erkenntnissen der Vorgänge im Gehirn.

Es gibt keine Traumdeutung, die jeden zufrieden stellen kann. Einige werden darüber enttäuscht sein, dass dieses Buch nicht auf Träume als Vorhersage der Zukunft eingeht – ein Ansatz, der vor Freud weit verbreitet war. Das vielleicht einzig unbestrittene, das man von Träumen sagen kann, ist, dass sie aus unserem Leben entspringen – aus unseren Gedanken, Emotionen und Begegnungen mit der Welt um uns. Was immer die Experten in unsere Träume hineininterpretieren, wir müssen auf Grund unserer Erfahrungen selbst entscheiden, welche Deutungen uns am ehesten überzeugen.

DIE SICHTWEISE FREUDS

Träume lieferten Sigmund Freud (1856–1939) das Rohmaterial für seine revolutionären Theorien der Psychoanalyse. Der Wiener Arzt stellte seine Ideen in seinem historischen Werk *Die Traumdeutung* (1899) vor. Träume, sagt er, funktionieren als eine Art Wunscherfüllung, in der in fantastischer oder symbolischer Form die Wünsche ausgelebt werden, die im Unterbewusstsein der Patienten begraben sind. Das Buch beschreibt, wie ungelöste emotionale Probleme der Kindheit, die in unserem Unterbewusstsein liegen, durch Träume ausgedrückt werden.

Freud unterschied den »manifesten Trauminhalt« – das offen daliegende Thema, an das sich der Träumer beim Erwachen erinnert – vom »latenten Traumgedanken« – der in der Psychoanalyse aufgedeckt wird. Die Methode, die Freud befürwortete, um den latenten Inhalt aus dem Unterbewusstsein ins Bewusstsein zu bringen, war die »freie Assoziation«. In der Analyse erzählten die Patienten ihren Traum und drückten dann spontan alles aus, was ihnen dazu einfiel. Wenn das auf den ersten Blick auch noch so irrelevant erschien, konnten diese Assoziationen zum Verständnis der tiefsten Probleme des Träumers führen.

Für Freud gibt es drei Arten von Träumen. In den einfachsten Wunscherfüllungsträumen, etwa bei Kindern, fallen manifester und latenter Inhalt zusammen. Das Thema so eines Traums gibt einen eindeutigen Hinweis auf seinen Sinn: Ein Traum von Kirschen oder Kuchen ist der Wunsch nach

 Kirschen oder Kuchen, besonders wenn sie verboten waren. In der zweiten Kategorie ist der Inhalt genauso unkompliziert und seine Bedeutung daher vollkommen klar – aber der Inhalt selbst ist erstaunlich, weil wir in unserem Bewusstsein nie auf so eine Idee kämen. Das kann der Wunsch sein, etwas zu tun, woran wir noch nie gedacht hatten.

Der manifeste Inhalt in Freuds dritter Traumkategorie ist obskur, absurd und unzusammenhängend – vertraute Gestalten führen unpassende Handlungen in einer seltsamen Umgebung aus. Um das Rätsel des Traums zu verstehen, müssen wir tief in den unangenehmen, darunter liegenden Inhalt hinein graben, den viele nicht gerne untersuchen.

Freud beobachtet verschiedene Methoden, durch die Wünsche in Träumen verschleiert, versteckt oder unterdrückt werden, sodass der Schläfer ihre wahre Bedeutung beim Aufwachen nicht erkennt. Ein Prozess ist die **Transformation** abstrakter Konzepte in erkennbare Bilder und Situationen. Das Sehnen eines Erwachsenen nach den Freuden der Kindheit und der Zärtlichkeit der Mutter, ausgelöst von einem Wunsch nach im aktuellen Leben fehlender Zuneigung, wird nach Freud durch einen Traum von Bergen von Kuchen enthüllt.

Ein weiterer Prozess ist die **Verdichtung**, in der sich verschiedene Elemente zu einem komplexen Bild verbinden. Der Traum von einem stolzen und strengen alten Soldaten kann sowohl den Vater des Träumers als auch den als autoritäre Person empfundenen Psychoanalytiker darstellen.

Der dritte Prozess, die **Verschiebung**, übersetzt problematische Gedanken und Gefühle des Träumers in Begriffe, die unbedeutend oder irrelevant erscheinen. Ein wenig bemerkenswerter Traum, in dem wir in einem still stehenden Zug sitzen, kann ernsthaft Frustration in der Ehe enthüllen.

Ein nahe liegendes Mittel, durch das unsere wahren Gefühle im Traum verschleiert werden, ist die Verwendung von **Symbolen**. Nach Freud erlaubt dieses Ersetzen von Menschen, Gegenständen, Handlungen und Gefühlen durch symbolhafte Bilder dem Träumer, seine unbewussten Wünsche in einer verträglichen und scheinbar unverständlichen Form auszudrücken. Er meint, dass Schlafen unmöglich wäre, wenn diese »Traumzensur« es den Träumern nicht leichter machen würde, mit ihren dunklen Wünschen zurecht zu kommen. Die Symbole werden noch obskurer und ergründlicher, wenn die unterdrückten Wünsche im wirklichen Leben moralisch inakzeptabel wären – etwa Inzest oder Mord.

Widerstand gegen Freuds Psychoanalyse entzündet sich an der oft kritisierten Überbetonung der Sexualität. Nur wenige moderne Psychologen glauben noch an den »Ödipuskomplex«, Freuds Theorie von dem zur Mutter hingezogenen Sohn und dessen Rivalität mit dem Vater, oder an den äquivalenten Prozess bei Mädchen, den »Elektrakomplex«. (Nach der Sage wurde Ödipus bei der Geburt von seinen Eltern getrennt; später, bevor er ihre Identität entdeckte, tötete er seinen Vater und heiratete seine Mutter.)

Psychoanalytiker nach Freud, die heute anderen sozialen und kulturellen Einflüssen mehr Bedeutung einräumen (wie Freud selbst in späteren Jahren), schreiben der Sexualität immer noch eine Hauptrolle im Unterbewusstsein zu. Sie meinen, dass das Unbehagen über Freuds Ansatz unbewusst eben jene Unterdrückung inakzeptabler Deutungen reflektiert.

JUNGS SICHTWEISE

Wie Freud sah auch der in der Schweiz geborene Psychotherapeut Carl Gustav Jung (1875–1961) im Unbewussten den Schlüssel zu den psychischen Problemen seiner Patienten und gab Träumen die wesentliche Rolle beim Aufdecken des Ursprungs dieser Probleme. Jung hatte bereits einen unterschiedlichen Ansatz zu Freud entwickelt, als sich die beiden 1907 trafen. Es folgten sieben Jahre enger Zusammenarbeit, bis Jung beschloss, unabhängig zu arbeiten. Jung lehnte Freuds These ab, die Träume seiner Patienten seien allein die Frucht ihrer individuellen bewussten und unbewussten Erfahrungen. Jung hatte beobachtet, dass die Träume seiner Patienten viele Motive gemeinsam hatten, und durch seine vergleichenden Studien von Religion, Mythologie und Alchemie erkannte er, dass diese Motive in allen Kulturen der Menschheit zu allen Zeiten als Teil des »kollektiven Unbewussten« zu finden waren.

In *Symbole der Wandlung (1912)* beschreibt Jung die »überindividuelle Universalität« des kollektiven Unbewussten als Quelle des psychischen Lebens der Menschen. Jung glaubte, dass es einen allen Menschen genetisch vererbten Fundus mythischer Ideen und Motive gibt. Er bezeichnete diese ererbten universellen Motive, die er wiederholt bei seinen Patienten antraf, als »Archetypen«. Zu dieser Vielfalt an Motiven, für die Jung in Kulturen auf der ganzen Welt Parallelen fand, gehören Figuren wie der »Alte Weise«, die »Große Mutter«, der »Trickster« und das »Göttliche Kind« (siehe S. 15–17). Diese Archetypen existieren auch im Einzelnen – nach Jung kommt die Sicht des Kindes vom Vater als Held und Tyrann vom universalen Archetypus des »Übermenschen« oder »Riesen«. Archetypen, die im so genannten »großen Traum« erscheinen, kommen aus dem kollektiven Unbewussten. Sie öffnen, wie er meinte, eine Perspektive zum »großen Schatzhaus der Geschichte der menschlichen Rasse«.

Einer der wichtigsten Faktoren für Jungs Bruch mit Freud war, dass letzterer sich vor allem mit unterdrückten kindlichen Traumata und der sexuellen Analyse von »Eltern und Kind«-Träumen befasste. Jung bevorzugte die Deutung von Träumen mit den im Unbewussten eingeprägten mythischen Archetypen. Freud erkannte natürlich auch die psychologische Komplexität der Mythen und entwickelte daraus (vor allem aus dem klassischen Erbe der griechisch-römischen Mythologie), seinen psychoanalytischen Ansatz – berühmt wurde ja seine Interpretation der Ödipus-Geschichte.

Ziel von Jungs Traumdeutung und der Jung'schen Analyse generell ist die Selbst-Verwirklichung und die spirituelle Entdeckung. In diesem Zusammenhang ist vor allem Jungs Beobachtung von »zahlreichen Verbindungen zwischen individueller Traumsymbolik und mittelalterlicher Alchemie« relevant. Wie Jung betonte, ging Alchemie weit über das bekannte Bild der vergeblichen Suche nach einem Weg zur Herstellung von Gold hinaus. Sie war eigentlich ein metaphysischer Prozess, eine spirituelle Suche, um die niedrige Materie psychischer Unordnung in das

Gold persönlicher Ganzheit zu verwandeln. In Anlehnung an alchemistische Terminologie nannte Jung diesen Prozess »Individuation«.

Jung lehnte Freuds freie Assoziation als Technik der Traumdeutung ab, er bevorzugte die gelenkte Assoziation. Jungianer lenken die Gedankenströme der Patienten, damit sie nicht zu weit vom ursprünglichen Bild abweichen. Sie halten es für wichtig, das Ziel der »psychischen Ganzheit« nicht aus den Augen zu lassen, auf das die Jung'sche Psychotherapie und Traumdeutung hinausläuft.

Neun der wichtigsten Archetypen wurden von Jung als »dominant« bezeichnet. Sie geben den Träumenden das Gefühl, aus einer äußeren Quelle »Weisheit zu empfangen«.

Der **Alte Weise** erscheint in Träumen als autoritäre Gestalt – Vater, Lehrer, Arzt, Priester oder Zaubermeister. Jung bezeichnet diese Archetypen als Mana, ein Ausdruck für den Ursprung von persönlichem Wachstum und Energie. Der Alte Weise besitzt heilende und zerstörende Kräfte. Seine Lehren führen den Träumer zu einer höheren Bewusstseinsebene.

Der **Trickster**, der archetypische Antiheld, ist eine wilde unmoralische Kraft, die in einer geordneten Gesellschaft Unheil anrichtet. Er verbindet das Bestialische und das Göttliche. Mit tückischer Schlauheit und listigen Streichen spielt er den Narren, der sich über sich selbst lustig macht und die Arroganz der Autoritäten nachäfft – und die Ambitionen des Egos des Träumers. In Träumen erscheint er wie in der weltweiten

Mythologie als Affe, Fuchs, Hase, Clown oder eine andere schelmische und boshafte Gestalt.

Der im Traum oft als Gestalt der klassischen Mythologie oder einer neueren populären Kultur dargestellte **Held** ist eine Mana-Persönlichkeit, die eine Vorbildfunktion haben kann. Träumer können sich aber auch zu eng damit identifizieren und den Blick auf ihr eigenes Potenzial verlieren.

Die **Persona** verkörpert das Bild, das wir der Gesellschaft vermitteln wollen. Als Maske der Beliebigkeit muss sie nicht schädlich sein, wenn sie mit unserem komplexen wahren und tieferen Selbst in Kontakt bleibt, das wir nur den Nächsten enthüllen.

Der **Schatten** drückt die animalische Seite unserer Persönlichkeit aus, die triebhafte Natur menschlicher Wesen, hinter dem Lack der Zivilisation. Nach Jung tritt dieser Archetypus oft in Gestalt des klassischen Bösen oder Verräters auf, als Teufel oder Judas. Meist vom gleichen Geschlecht wie der Träumer, ist diese Gestalt ein eifersüchtiger Bruder wie der biblische Kain oder eine von Aschenputtels Schwestern. Der Schatten verweist auf unser Bedürfnis, mit den destruktiven Kräften unserer Natur fertig zu werden.

Das **Göttliche Kind**, eine wichtige Gestalt vieler Religionen und Mythen wird von Jung als Kraft der Regeneration gesehen. Träumer entdecken darin die Unschuld und Verletzlichkeit eines Kindes, im Augenblick des

Beginns einer Selbst-Verwandlung. Eine Begegnung mit dem Kind kann die Selbstüberhöhung des Egos mäßigen.

Da jedes menschliche Wesen Elemente beider Geschlechter in sich trägt, drückt die **Anima** die weiblichen Charaktereigenschaften, Triebe und Reaktionen aus, die jeder Mann in sich integrieren muss. Typischerweise von Göttinnen oder Heldinnen wie Aphrodite (Venus) oder Kleopatra repräsentiert, leitet die Anima den Träumer zu Bereichen, deren Potenzial er noch nicht zu erforschen wagte. Ihr Gegenstück, der **Animus**, wird oft durch mythische Gestalten wie Apollo oder Odysseus, aber auch durch Amazonen symbolisiert. Er drückt die maskulinen Attribute aus, die die Persönlichkeit einer Frau komplettieren. Auch der Animus kann Frauen helfen, im Traum bisher ungeahnte Stärke und Energie zu entdecken.

Die Figur der **Großen Mutter** verkörpert einen der mächtigsten Einflüsse auf das psychische Wachstum. Der ewig ambivalente Archetypus kann himmlisch und jungfräulich wie im Christentum oder irdisch und fruchtbar wie in orientalischen und polytheistischen Religionen sein. Wie der Alte Weise hat sie schöpferische und zerstörerische Kräfte.

Anmerkung zu den Querverweisen: Überall in diesem Buch findet der Leser Kästchen mit Querverweisen zu Träumen verwandter Themen. Der Ausgangstraum ist nur durch seine Nummer bestimmt. Die damit verbundenen Träume sind durch ihren Titel und die Seitenzahl bezeichnet.

UNSER INNENLEBEN

WECHSEL UND ÜBERGANG

1 ERWACHEN

Der Traum vom Aufwachen und Aufstehen, während dessen der Träumende noch tief schläft, kann Widerstand angesichts ungewohnter Herausforderungen in Zeiten der Veränderung – etwa Heirat, Jobwechsel – bedeuten. Dieser beunruhigende Traumzustand falschen Wachgefühls ist vielleicht auch ein Versuch unseres Geistes, die Zeichen umzukehren, derentwegen wir wirklich aufwachen, und damit das zu erfüllen, was Freud als Hauptzweck aller Träume bezeichnet – »den Schlaf zu verlängern, statt aufzuwachen«.

2 OBJEKTE WERDEN LEBENDIG

Bizarre Verwandlungen von Objekten in Lebewesen (ein Tisch wird zu einem Pferd, ein Bett zu einer Schafherde) legen nahe, dass der Schlafende dabei ist, bisher ungenützte innere Potenziale auszuschöpfen. Ein Objekt, das zum Monster wird, könnte eine Warnung des Unbewussten sein, sich bei diesem Prozess nicht andere zum Feind zu machen.

3 JAHRES- UND TAGESZEITEN ÄNDERN SICH

Plötzlicher Wechsel von Winter zu Sommer, von Nacht zu Tag deutet auf eine positive Wendung im Leben des Träumenden hin. Ein Wechsel in umgekehrter Richtung, von Sommer zu Winter oder von Tag zu Nacht, könnte auf mögliche Konfrontationen und drohende Gefahren hinweisen.

4 UNBEKANNTE UMGEBUNG

Eine beunruhigend groteske Szenerie bedeutet den Unwillen oder die Unfähigkeit, mit Neuem fertig zu werden. Freundliche Menschen, die in seltsame, aber faszinierende Gebäude locken, deuten auf den Reiz und die Faszination, die von neuen Gelegenheiten wie Jobwechsel ausgehen. Die Rückkehr in eine altvertraute Umgebung – das klassische **Déjà-vu-Erlebnis (5)** – wird von Freudianern und Jungianern meist als Sehnsucht in bewegten Zeiten nach Rückkehr in den Mutterleib interpretiert.

RICHTUNG UND IDENTITÄT

6 BRÜCKE

Eine Brücke markiert die Grenze zwischen vertrauter Gegenwart und ungewisser Zukunft. Die Brücke zu überqueren zeigt unsere Fähigkeit, vorwärts zu gehen, unsere Kraft, mit dem Leben fertig zu werden, besonders in schwierigen Situationen wie Scheidung, Job- oder Wohnungswechsel.

7 LABYRINTH ODER IRRGARTEN

Jung sah das dunkle, geschlossene Labyrinth als Symbol der verworrenen Tiefen des Unbewussten und den Traum vom Betreten des Labyrinths als

Reise zur Selbstentdeckung. Eine Leere im Herzen des Labyrinths deutet auf die Leere der Verzweiflung, kann aber manchmal auch die heitere Mitte unseres Seins darstellen. Wie im Mythos von Theseus, der in das Labyrinth eindrang, um den Minotaurus zu töten, kann unser persönlicher Abstieg ins Unbewusste zu Konfrontationen führen, die unser Wohlbefinden bedrohen. Wie das Labyrinth, aber in hellem Licht, kann der Irrgarten die Schwierigkeit reflektieren, dem Leben eine neue Richtung zu geben. Niemand kann die Zukunft vorhersagen, wir müssen uns auf den Instinkt verlassen. Eine **Karte (8)** kann den richtigen Weg zeigen.

9 IM DICKICHT VERLOREN

Verloren unter turmhohen Bäumen oder hohem Schilf sehen wir unser Vorankommen durch unüberwindliche Hindernisse erschwert. Wie im

Kindermärchen Hänsel und Gretel kann dieses Gefühl ein tiefes Verlangen nach mütterlichem Trost auslösen.

10 ZERSTÖRUNG UND RUIN

Bilder von Zerstörung können mit Änderungen im Leben zusammenhängen, die buchstäblich einen Bruch mit der Vergangenheit bilden. Ein verfallenes Haus kann die durch eine bevorstehende Scheidung zerfallende Familie symbolisieren, umgestürzte Bäume eine durch Auswanderung, Exil oder Übersiedlung entwurzelte Familie.

11 EIN AUTO GERÄT AUSSER KONTROLLE

Träume von einem außer Kontrolle geratenen Fahrzeug drücken Angst vor Richtungsverlust aus, besonders wenn wir ohnmächtige Passagiere oder Beobachter sind. Die ängstliche Suche nach der richtigen Straße in einer fremden Stadt bedeutet Angst vor Identitätsverlust.

12 TRAGEN EINER MASKE

Im Traum eine Maske zu tragen, hat mit dem Bild zu tun, das wir selbst und andere von uns haben. Oft können wir die Maske nicht abnehmen oder werden gezwungen, sie aufzubehalten. Das ist eine Warnung, den Bezug zu unserem wahren Ich nicht zu verlieren.

SIEHE AUCH
12: **Masken-paar** S.80

13 SCHLEIER

Einen Schleier über dem Kopf zu tragen weist auf den Wunsch des Träumenden hin, unsichtbar zu werden, entsprechend der Jung'schen Symbolik – ein nach innen gerichteter Wunsch, der Außenwelt zu entfliehen.

14 SELTSAME REFLEXIONEN IM SPIEGEL

Was man im Traumspiegel sieht, gilt als Reflexion persönlicher Identitätsprobleme – unser eigenes Gesicht mit geschlossenen Augen deutet auf Realitätsverweigerung hin, ein anderes Gesicht kann Liebe oder Neid oder ein Unterlegenheitsgefühl des Träumenden bezüglich dieser Person andeuten. Gar kein Gesicht kann die ultimative Identitätskrise bedeuten, Todesangst und Selbstvernichtung.

15 FLOSS

Ein ruderlos dahintreibendes Floß ist ein Alarmzeichen für aufsteigende Angst vor Richtungslosigkeit und Kontrollverlust. Wie aber schon Rabbi Nachman von Bratislava (1772–1810) sagte, nicht zu wissen, wohin wir gehen, kann manchmal der beste Weg zum Entdecken des wahren Selbst sein.

Ein Floß ist auch eine Hilfe zum Überleben, in diesem Sinn kann das Bild auch vollkommen positiv sein – die Erkenntnis, dass wir aus dem Meer der Schwierigkeiten heraussteigen können statt unterzugehen.

ERFOLG UND VERSAGEN

16 RUHM

Träume von plötzlicher Ehre und Berühmtheit unter dem Applaus von Freunden, Familie und Fremden deuten auf großen Bedarf an Förderung der Selbstwertschätzung hin. Sie können aber auch auf die ehrgeizige Bereitschaft zu neuen Herausforderungen zeigen.

17 PREISE

Preis- oder Lotteriegewinne bezeichnen ein allgemeines Gefühl des Wohlbefindens, können aber auch auf Geldprobleme hinweisen. Ein Preis wird auch mit dem Gewinnen sexueller Gunst einer geliebten Person, symbolisiert durch eine **Blumengirlande (18)**, assoziiert.

Gewinne sollen uns auch vor ungerechtfertigten Erwartungen warnen. Jung zitiert als universellen Traumtypus den Mythos des Bellerophon, der von der Göttin Athene das geflügelte Pferd Pegasus bekam. Er war so vermessen, damit in den Himmel zu fliegen, Zeus aber sandte eine Bremse, die das Pferd stach, und Bellerophon stürzte ab.

19 ABBRUCH DER KOMMUNIKATION

Das vergebliche Bemühen, die Aufmerksamkeit des Geliebten, eines älteren Kollegen oder einer bewunderten Berühmtheit auf sich zu ziehen, verrät unser Unterlegenheitsgefühl – oder unsere tiefe Frustration darüber, dass unsere wahren Qualitäten nicht anerkannt werden.

20 RENNEN

Ein Rennen zu gewinnen deutet auf das Grundvertrauen, dass unser Potenzial anerkannt wird; übergroßer Siegeswille deutet auf übermäßige Sucht nach Anerkennung durch andere.

Ein Rennen zu verlieren, besonders, wenn wir an der Ziellinie eingeholt werden, deutet auf Frustration und Erniedrigung durch die Einsicht der Grenzen unserer Möglichkeiten.

ANGST

21 FALLEN

Im Traum von einer Treppe, einem hohen Gebäude oder einer Klippe zu stürzen, kann der Angst entspringen, dass wir unsere Fähigkeiten im Privat- oder Berufsleben überschätzen.

Der Sturz bildet meist den Höhepunkt eines Traums, in dem wir von Feinden verfolgt werden. In so einem Fall ist der Sturz – oder Sprung – ein verzweifelter Fluchtversuch, wenn wir uns aber im letzten Moment zu unseren Verfolgern umdrehen, beweisen wir die Kraft zur Konfrontation.

22 ERTRINKEN

Ertrinken in tiefem Wasser lässt auf Verwicklungen in den Tiefen des Unbewussten schließen. Wie bei den Verfolgungsträumen erleben wir unangenehme Gedanken und Gefühle, die wir noch nicht an die Oberfläche lassen können. Im Extremfall kann das Gefühl, nicht zur Oberfläche zurückkehren zu können, auf die Angst vor einer Geisteskrankheit hinweisen. Schließlich legt dieser Traum nahe, dass bestimmte Bereiche unseres Unbewussten sorgfältig untersucht werden sollten.

23 ENGE RÄUME

Obwohl das Eingeschlossensein auf engstem Raum negative Implikationen zu haben scheint, kann so ein Traum auch ein konstruktiver innerer Protest sein, der Kampf unserer kreativen Energie um Ausdrucksmöglichkeiten. Wir haben Angst, dass etwas oder jemand – ein langweiliger Job oder ein tyrannischer Boss – unsere Energien unterdrücken will. Durch einen scheinbar endlosen **Tunnel (24)** zu kriechen ist ein verbreiteter klaustrophober Traum

SIEHE AUCH
21: **Gejagt werden** S.29

der Geburtsangst. Werdende Eltern können das in der Identifikation mit dem Ungeborenen erfahren; wir können aber auch auf unsere eigene Geburt zurückgehen, wenn wir vor einer kommenden Herausforderung Angst haben.

25 DER VERSUCH ZU LAUFEN

In einer schmerzlichen Situation zur Flucht getrieben, können Traumläufer sich nicht bewegen, weil ihre Füße bleiern sind oder im Schlamm stecken. Das Gehirn induziert solche Träume, um uns daran zu hindern, unseren Angstimpulsen zu folgen und im Bett – oder im Schlafzimmer – Amok zu laufen.

26 GEJAGT WERDEN

In Fällen größter Angst kann ein Traum, in dem wir gejagt werden, auf paranoiden Verfolgungswahn hinweisen, der uns in die Enge treibt; meist steht so ein Traum aber für bestimmte unangenehme Aspekte unserer Persönlichkeit, die gewöhnlich unterdrückt werden, mit denen wir uns aber auseinandersetzen sollten.

27 SICH DURCH DIE MENGE KÄMPFEN

Träume von vergeblichen Versuchen, sich durch die Menge in einer vollen Bar oder beim Ausverkauf durch ein Kaufhaus zu kämpfen, spielen auf Grenzen zwischen dem Bewussten und dem Unbewussten an. Eine erdrückende Menge zwischen uns und unserem Ziel weist auf Hindernisse, die uns von unseren kühnsten unbewussten Wünschen trennen.

28 SOZIALE UNBEHOLFENHEIT

Wenn wir den Text unserer Rede vergessen, in der Öffentlichkeit stolpern, unserem Partner auf der Tanzfläche auf die Zehen treten, einem Freund oder VIP einen Drink überschütten, deutet das auf ein tief sitzendes Minderwertigkeitsgefühl auch den uns nahe Stehenden gegenüber hin. Es lohnt sich aber, diesen Traum näher zu untersuchen, diese scheinbare Unbeholfenheit könnte auch Elemente des Widerstands enthalten – als Ausdruck unserer Frustration über erstickend unterdrückende Zwänge sozialer Konventionen.

29 INTIME FREMDE

Einen engen Freund oder Geliebten als vollkommen Fremden zu behandeln kann eine erschreckende Ambivalenz gegenüber einer Person offenbaren, die wir gut zu kennen glaubten – vielleicht wollen wir gar nicht all unsere Liebe und unser Vertrauen in sie investieren.

Ähnlich kann man die Rolle des **Spions (30)** sehen, der einen Freund oder eine geliebte Person bei etwas Illegalem und Kompromittierendem – einem Einbruch oder Ehebruch – beobachtet.

31 FURCHT VOR DEM UNSICHTBAREN

Nicht zu wissen, wer oder was im Dunkel draußen wartet, ist vielleicht der meist verbreitete aller Angstträume. Er tritt besonders häufig bei Personen auf, die mit einer Psychoanalyse oder einer anderen Therapie beginnen, in der bisher unerforschte Bereiche des Selbst enthüllt werden können. Wie die bewusste Furcht vor Dunkelheit können auch solche Träume in alten Ängsten wurzeln, die unsere Vorfahren erwarben, als sie noch Beute großer nächtlicher Raubtiere waren.

32 EINSAME WANDERUNG

Das Gefühl, der Ursprung all unserer Probleme liege außerhalb von uns, kann Träume auslösen, in denen wir glücklich allein durch eine weite Wüste oder einen dichten Wald wandern und jede Begleitung meiden.

WOHLBEFINDEN UND OPTIMISMUS

33 HONIG

Die Süße des Honigs wurde immer schon mit Glücksvisionen identifiziert: Im klassischen Mythos ist Honig die Speise der Götter und das biblische Bild vom Gelobten Land, wo Milch und Honig fließen, ist ebenfalls tief in der westlichen Kultur verankert.

34 BIENEN

Von alters her symbolisieren Bienen die Tugend des Fleißes und den Wohlstand als Lohn dafür. Ihr Erscheinen deutet auf die Klugheit, an einem Projekt festzuhalten, um ein lohnendes Ziel zu erreichen – und wie die Biene mit ihrem Stachel jene abzuwehren, deren Einfluss unserem Fortschritt hinderlich wäre.

35 TORE

Ein Traum, in dem ein Tor vorkommt, deutet auf Umstände, die uns einladen, in eine neue Welt von Gelegenheiten und Einsichten zu gelangen. Da jedes Traumsymbol aber mehrdeutig ist und Tore nicht nur zum Himmel, sondern manchmal auch zur Hölle führen können, wäre es klug, einen Schritt auf einem radikal neuen Weg zu persönlicher Erfüllung gut zu überlegen.

36 DER GARTEN EDEN

Wie das Land von Milch und Honig ist auch der Garten Eden eine alte mythische Landschaft von Wonne und Glück – als verlorenes Paradies soll er uns aber vor Selbstgefälligkeit warnen. Auch wenn wir uns vorstellen, dass wir wie Adam und Eva aus dem Garten vertrieben werden, kann das weite unerforschte Land jenseits davon eine neue, aufregende Perspektive der Herausforderung und Chance bieten.

37 LICHT

Jung behauptete, dass Licht in einem Traum sich »immer auf das Bewusste bezieht«. So gesehen ist Licht ein Zeichen dafür, wie neue Einsichten das Bewusstsein erhellen. Christen können das mit Jesus als »Licht der Welt« verbinden; für Buddhisten kann es das Konzept des »grenzenlosen Lichts« als Quelle aller Schöpfung bedeuten, verkörpert im *Buddha* Amitabha.

38 GLÜCKSBRINGER

Das Erscheinen eines Glücksbringers im Traum ermutigt uns zu größerem Vertrauen in unseren Erfolg im Beruf oder im Liebesleben. Es kann sich um einen persönlichen Talisman, etwa einen wertvollen Stein, eine Zahl oder Lieblingsfarbe handeln oder um eines der altbekannten Glückssymbole wie **Ölzweig (39)**, **vierblättriger Klee (40)**, **weiße Taube (41)** oder **schwarze Katze (42)**, letztere ist für Muslime ein Symbol des Todes und gilt als Unheil bringend.

43 HELLE FARBEN

Träumende, die in heller Farbenpracht baden, sind vielleicht am Gipfel einer aufregenden neuen Wahrnehmung. Für Jungianer sind Farben das Vorspiel eines »großen Traums« von archetypischen Themen, die dem »kollektiven Unbewussten« entspringen.

SIEHE AUCH

38: **Juwelen**

S.83, **ZAHLEN**

S.332–337;

43: **FARBEN**

S.341–343

AUTORITÄT UND VERANTWORTUNG

44 UND 45 HERRSCHER

Eine **königliche Gestalt (44)** hängt oft mit elterlicher Autorität zusammen. Nach Freud bedeuten Träume von einem Essen oder von sexuellen Beziehungen mit einem König eine klassische Wunscherfüllung, in der der König Vater oder Mutter als höchste Autorität substituiert. Sie enthüllen unsere tiefe Sehnsucht nach Intimität.

Ein **Staats- oder Regierungschef (45)** kann als Rat suchender Freund auftreten, der die Sehnsucht des Träumenden nach einem engeren Vertrauensverhältnis zu einem Elternteil oder einer anderen wichtigen Autoritätsperson ausdrückt, oder den Wunsch, mit einer verantwortungsvollen Position betraut zu werden.

46 BÜROKRATIE

Anders als die klare Autorität eines Polizisten, des Chefs oder unserer Eltern, verfolgt uns die Bürokratie in unseren Träumen mit tückischer Kontrolle. Endlose Korridore, identische Schreibtische und gesichtslose Beamte können Angst vor Schulden, Arbeitslosigkeit und der Anonymität großer Städte symbolisieren. **Aktenberge (47)** sind der Traum oder Albtraum des Beamten. Wachsende Stapel sind eine Aufforderung, neue Verhaltensweisen gegenüber Stress und Verantwortung zu suchen.

48 PARLAMENTE

Regierungssitze wie das Londoner Parlament oder das Kapitol in Washington können den Wunsch nach Machtausübung über Kollegen, Freunde oder Partner ausdrücken. **Ungestüme oder chaotische Szenen (43)** während einer Parlamentsdebatte deuten auf eine Krise unserer persönlichen Autorität im Beruf oder auf Unsicherheit über einen einzuschlagenden Weg hin.

50 HOHER HUT

Das Tragen eines hohen Huts (eines aristokratischen schwarzen Seidenzylinders oder des Helms eines englischen Polizisten) oder noch offenkundiger einer **Krone (51)** deutet auf Überlegenheitsgefühle. So einen Kopfschmuck auch im Sturm aufzubehalten oder ihn im Gedränge zu verlieren, drückt Statusängste aus, eventuell nach einer Beförderung: Verdiene ich meine höhere Position, wie stark ist mein Rückhalt?

SIEHE AUCH
50: **Hut wechseln** S.78; 54: **Gericht** S.232

52 DIE KONTROLLE ÜBERNEHMEN

Der Wunsch, Verantwortung zu übernehmen, oder das Gefühl, dass unsere Führungsqualitäten nicht gebührend geschätzt werden, kommt hervor, wenn wir im Traum bei einem Brand im Theater oder auf einem sinkenden Schiff die Kontrolle übernehmen.

53 RICHTER

Für Jung ist der Richter Repräsentant des weisen Alten (siehe S. 15), der auf das Potenzial des Träumenden verweist, zu höheren Bewusstseinszuständen vorzudringen. Wenn wir der Richter sind, bedeutet das eine Wertschätzung unserer eigenen Weisheit und Urteilskraft – wir sollten bei einer Sache, die uns beschäftigt, unserem Gefühl vertrauen.

Wenn wir als **Angeklagter (54)** vor dem Richter stehen, ohne zu wissen warum, fühlen wir uns von der Willkür der Behörden verfolgt. Die unterdrückende Natur von Behörden war ein wiederkehrendes Thema in den Träumen und Erzählungen des tschechischen Autors Franz Kafka, das in seinem Roman »Der Prozess« am stärksten zum Ausdruck kam.

55 DIE QUAL DER WAHL

Zwischen mehreren Personen oder Dingen wählen zu müssen, kann auf die Angst des Träumenden vor einer schmerzlichen Prüfung der persönlichen Verantwortung hinweisen. Wen entlassen, wen behalten, eine Ehe oder Beziehung beenden? Neuere Untersuchungen zeigen, dass solche Träume in Folge populärer Fernsehspiele häufiger wurden, in denen die Teilnehmer den schwächsten oder unbeliebtesten Mitspieler ausschließen müssen.

Freud weist das Thema der Wahl dem Bereich der Libido zu, wo der Traum latente Unsicherheit über die sexuelle Orientierung ausdrückt.

BEZIEHUNGEN

56 UNPASSENDER PARTNER

Eine ungeeignete Kombination zweier Objekte (Motorrad und Badewanne zum Beispiel) kann die Sorge über einen unpassenden Partner für den Sohn oder die Tochter, eine nahe stehende Person oder für uns selbst reflektieren.

57 FALSCHE TELEFONNUMMER

Wiederholt mit der falschen Person verbunden zu sein oder in moderner Version eine **nicht zugestellte E-Mail (58)** zurückzubekommen, kann Kommunikationsunfähigkeit mit einer wichtigen Person oder Intimitätsverlust gegenüber dem Partner bedeuten. Freudianer geraten in Versuchung, im Gebrauch eines Handys eine Phallus-Symbolik zu sehen, die auf Sexualität als Wurzel des Problems deutet.

59 HILFELEISTUNG

Sich um eine Person in Not zu kümmern oder einem Unfallopfer zu helfen, scheint Unbeteiligte zu betreffen, bei näherer Betrachtung wird aber ein Detail den Träumenden, einen Freund oder Geliebten identifizieren. Solche Träume können die Zuneigung zum anderen enthüllen, oder, wenn wir die Hilfe bekommen, unser Verlangen nach Zuneigung.

60 FAMILIENSTREIT

Ein Streit in der Familie oder in der Partnerschaft kann etwas völlig anderes als eine Beziehungskrise symbolisieren. Wegen ihrer Gleichsetzung mit traditioneller Autorität kann ein Streit mit den Eltern religiöse Zweifel bedeuten. Kinder, die aus dem Haus stürmen, können den Verlust elterlicher Ambitionen bedeuten.

61 ETWAS REPARIEREN

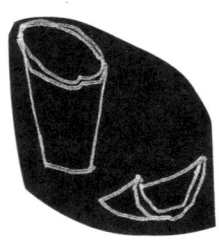

Die Notwendigkeit, im echten Leben ein Beziehungsproblem zu lösen, kann durch Träume symbolisiert werden, in denen ein Auto in Stand gesetzt, ein zerbrochenes Objekt geklebt wird.

62 VÖGEL

Tiere haben starke symbolische Eigenschaften und stellen oft Aspekte von Beziehungen dar. Vögel werden mit jenen Eigenschaften assoziiert, die wir ihnen zuweisen: Ein Raubvogel, ein nesträuberischer Kuckuck oder die diebische Elster können die Bedrohung durch Ehebruch darstellen, die sanftstimmige Nachtigall und die Taube bedeuten Versöhnung oder das Bedürfnis, eine gestörte Beziehung zu retten.

SIEHE AUCH
57: **Mobiltelefon** S.50;
62: **TIERE**
S.314–329

Außer in ihrer phallischen Form als Schreibfedern bedeuten einzeln durch den Traum schwebende **Federn (63)** Wärme und Zärtlichkeit, vielleicht als Friedensangebot oder Geste der Zuneigung.

64 HOTELS

Hotels erscheinen als Zeichen kurzlebiger und flüchtiger Beziehungen. Ein Hotel kann aber auch mit Reiselust assoziiert werden und bedeutet dann, dass unsere emotionale Reise mit dem Partner sich einer neuen Ebene von Intensität, Intimität und Freude nähert. Die Aussicht aus dem Traum-Raum kann zur Bedeutungsklärung beitragen: Sie kann eine herrliche sonnige Ansicht eines weiten Horizonts oder den Blick auf eine düstere und schäbige Straße bieten.

65 GOLDSTAUB RINNT DURCH DIE FINGER

Bedauern über eine zu Ende gehende intime Beziehung oder geschätzte Verbindung kann helfen, das Traumbild vom Gold-staub – oder von Edelsteinen – die langsam zwischen unseren Fingern verschwinden, zu verstehen. Noch verzweifelter ist das Liebesgefühl, das vom **Bild des Wassers (66)** vermittelt wird, das durch die zur Schale geformten Hände eines Durstigen rinnt, der das Wasser versickern sieht, bevor er es erreicht.

SIEHE AUCH
63: **Schreib-federn** S.47;
64: **GEBÄUDE** S.232–248

67 FLAMMEN

Flammen geben Hitze (gemeinhin mit starken Emotionen wie Liebe und Zorn assoziiert) und Licht ab (oft ein Symbol der Selbsterkenntnis). Sie können uns bislang unsichtbare Aspekte unserer Beziehungen enthüllen und uns so zur Lösung eines Konflikts mit unserem Partner führen. Beachten Sie, dass das Licht der Flammen flackert und dass wir genau schauen müssen, um Erkenntnisse zu gewinnen.

68 SPINNENNETZ

Das tödliche Netz, in das eine Spinne ihre Beute verstrickt, kann tiefe Unsicherheit über intime Beziehungen im Allgemeinen reflektieren, oder einfach das Gefühl, dass wir uns aus einer emotionalen Verwirrung befreien müssen. Moderne Technologien fügen dem Bild der Falle einen neuen Aspekt hinzu. Durch einen Prozess des schlafenden Verstands, bekannt als »Wortspiel Analogie« können mutige **Internetuser (69)** auf das Spinnennetz treffen – eine Warnung vor der Sucht nach dem World Wide Web.

SIEHE AUCH

67: **Kerze** S.48, **Feuer** S.285;

71: **Strand** S.153, **Landleben** S.292

70 HEXE

Der Jung'sche Archetypus der Großen Mutter (siehe S. 17), eine wunderbare strafende Gestalt, die zugleich nährt und straft und verführt, kann als böse

Hexe erscheinen – vielleicht als eine, die wie im Märchen von Hänsel und Gretel kleine Kinder verschlingen will. Für Freud bedeutet die böse Hexe nicht unbedingt, dass wir unsere Mutter fürchten oder hassen – sie kann im Gegenteil unterdrückte inzestuöse Wünsche symbolisieren.

71 HARMONISCHE LANDSCHAFT

Eine harmonische Beziehung kann durch eine heitere Landschaft mit sanften Farben in freundlichem Licht ausgedrückt werden. Solche Szenen können entfernte Kindheitserinnerungen beinhalten – etwa einen glücklichen Tag mit der Familie am Strand. Das drückt unsere Sehnsucht nach verlorener Intimität in einer vergangenen Beziehung oder einer früheren Freundschaft aus.

72 SCHWEIGENDE BLICKE

Personen, die einander schweigend und bewegungslos scheinbar endlos lang anstarren, können zwei verschiedene Formen von Beziehungsspannungen zeigen. Die Szene kann das Gefühl blockierter Kommunikation zu Tage bringen – wir dringen nicht zu einem uns nahe Stehenden durch. Die Spannung kann aber auch positiv sein und die richtige Zeit für Fortschritte in der Beziehung anzeigen. Mit flatterndem Atem warten die schweigenden Figuren auf unser Zeichen zum Beginn dieser aufregenden neuen Phase.

SEXUALITÄT

73 EXPLOSIONEN

Spektakuläre Explosionen haben oft mit Orgasmen zu tun. In Form des Feuerwerks verweist die Orgasmussymbolik auf sexuelle Zufriedenheit. Zerstörerische Explosionen können dunklere Sehnsüchte ausdrücken, etwa den Wunsch zu dominieren.

Der Traum vom **Flugzeugabsturz (74)** kann ganz einfach unsere Flugangst ausdrücken. Analytiker bemerkten aber bei Patientinnen eine Assoziation zwischen dem Traum vom Flugzeugabsturz und einer Vergewaltigung oder der Angst davor. Nach Freud könnte der Traum eines Mannes von einem explodieren-den Flieger auch Ausdruck von Impotenzangst sein.

75 LIEBESAKT

Es ist nicht schwer einen Traum zu interpretieren, in dem wir mit je-mandem Liebe machen, von dem wir sexuell angezogen werden, besonders, wenn der Wunsch unerlaubt ist. Viele Jungianer und andere Traumanalytiker sehen im Liebesakt aber keine spezifisch sexuelle Bedeutung – er kann einfach einen intensiven Drang nach kreativem Ausdruck darstellen.

Freudianer sehen eine ganze Reihe alltäglicher Aktivitäten als Symbol des Sexualakts: ein **Treppengeländer hinuntergleiten (76)**; rhythmisches **Hämmern oder Schlagen (77)**; ein **in den Tunnel einfahrender Zug (78)**; **Rad fahren (79)** oder **reiten (80)**.

81 KÜSSEN

Jung sagt, dass das Bild vom Küssen »mehr mit Ernährung als mit Sexualität zu tun hat« – die Freuden des Traumkusses wurzeln also in der Erinnerung an das Saugen an der Mutterbrust.

82 HERRSCHAFT

Träume, in denen ein Partner den anderen dominiert, müssen sich nicht offen auf Sex beziehen, können aber sexuell getönt sein. Uns selbst als beherrschend darzustellen, kann sexuelle Unsicherheit maskieren; in der untergeordneten Rolle könnten wir inzestuöse Gefühle für ein Elternteil entwickeln. Solche Träume können auch dem Wunsch entspringen, die Oberhand in einer Beziehung zu gewinnen oder Unmut über eine untergeordnete Rolle ausdrücken. Die ex-

SIEHE AUCH

78: **Tunnel**
S.27;

79: **Motorrad**
S.129;

83: **Peitschen**
S.46

plizite Erotik des **sadomasochistischen Akts (83)** deutet auf heimliches Vergnügen an diesem Kampf; wenn die betreffende Beziehung ausdrücklich nicht sexuell ist, könnte latente sexuelle Spannung eine Rolle spielen.

84 ROTE ROSE

Die rote Rose ist ein traditionelles Symbol romantischer Liebe und erotischer Leidenschaft, von Freudianern wird sie mit den weiblichen Sexualorganen und Menstruationsblut assoziiert. Eine Rose mit Dornen weist auf eine ambivalente Haltung gegenüber weiblicher Sexualität hin; die Schönheit der Blume bezaubert, ihre Dornen können verletzen.

85 SAMT

Samt, ein weicher luxuriöser Stoff, weckt Erinnerungen an die Zuneigung unserer Eltern. Freudianer assoziieren Samt mit Schamhaaren. Andere Analytiker verbinden Samt und Moos (86) mit dem Wunsch nach der Sanftheit der Natur, nach Trost und Frieden.

SIEHE AUCH
84: **Blumen-strauß** S.191;
91: **Dolch** S.186;
92: **Artillerie** S.183

87 PEITSCHEN

Als Teil der sadomasochistischen Utensilien symbolisieren Peitschen den Wunsch nach – oder die Angst vor – Herrschaft, entweder im Schlafzimmer oder im

Beruf. Ähnliche Bedeutung kommt anderen sadomasochistischen Attributen wie **Silberketten (88)**, **Lederkleidung und Strapsen (89)** und **schwarzen Stiefeln (90)** zu.

91 UND 92 WAFFEN

Die meisten Waffen gelten als männliche Symbole, und ein scharfes rasch eindringendes **Messer (91)** kann männliche Sexualität in ihrer gewaltsamsten und in Frauen verachtender Form ausdrücken. Das Messer kann die sexuelle Unsicherheit eines Mannes bloßlegen, besonders die Angst vor Impotenz, es kann aber auch den inneren Kampf mit gefährlichen Wünschen bedeuten.

Auch **Gewehre (92)** sind ein Bild aggressiver männlicher Sexualität mit zusätzlicher Orgasmussymbolik im Abfeuern der Kugel. Wie das Messer kann auch das Gewehr Zweifel an der Männlichkeit andeuten.

93 SCHREIBFEDERN

Für Freud sind aufrecht gehaltene Schreibfedern offenkundige Phallussymbole, besonders, wenn sie in ein Tintenfass getaucht werden. Auch für Analytiker, die sexuelle Interpretationen vermeiden, sind sie Männlichkeitssymbole, verbunden mit der Macht der gesetzlichen Autorität einer traditionell männlichen Hierarchie. Jung sieht darin den Archetypus des Animus (siehe S. 17), des männlichen Aspekts der weiblichen Psyche.

Andere Phallussymbole sind die brennende **Kerze (94)** und die **Zigarre (95)**. Die Flamme der Sehnsucht kann hell brennen, unsicher flackern oder ausgehen. Die oralen und maskulinen Assoziationen der Zigarre werden mit latenter männlicher Homosexualität verknüpft, obwohl der Zigarrenraucher Freud die Überbewertung dieser Sexualsymbolik so ablehnte: »Manchmal ist eine Zigarre nur eine Zigarre.«

96 SPRUDELNDES WASSER

Aus dem Hahn sprudelndes Wasser ist ein häufiges Symbol der männlichen Ejakulation, so wie der **Wasserfall (97)** den weiblichen Orgasmus symbolisiert. Eine schäumende **Champagnerflasche (98)** ist das triumphalste männliche Orgasmussymbol. Solche Traumorgasmen – wenn sie nicht mit der Realität einhergehen – drücken unser Bedürfnis nach kreativem Ausdruck aus.

SIEHE AUCH
94: **Flammen**
S.42; **Feuer**
S.285;
96: **Wasser**
S.284; 99:
Heiliger Gral
S.358; 101:
Leere Geldtasche S.55

99 SCHALEN

Trinken aus einer Schale kann Oralsex mit einer Frau bedeuten. Auch im Jung'schen Bild des Heiligen Grals als Behälter von Liebe und Wahrheit bleibt die Schale ein weibliches Symbol, assoziiert mit der Gralsjungfrau oder dem Archetypus der Großen Mutter (siehe S. 17). Das mythische Gefäß des **Füllhorns oder Cornucopia (100)** ist ein zweideutiges Sexualsymbol: männlich, wenn es seine Gaben ausschüttet und seine Form betont wird; weiblich, wenn wir in das Horn eintauchen, um seine Gaben zu genießen.

101 GELDBEUTEL

Von Freud als Symbol der weiblichen Genitalien und des Mutterleibs interpretiert, gilt die Geldtasche als eines der häufigsten Traumbilder. Eine Frau bietet ihre sexuelle Gunst, wenn der Geldbeutel offen ist, sie verwehrt sie, wenn dieser geschlossen ist.

102 KIRCHEN

Es gibt wenig betörendere psychologische Mischungen als Sex und Religion. Die Traum-Kirche umfasst beides. Kirchen mit einem Turm über dem Torbogen kombinieren männliche und weibliche Symbole – sie reflektieren die intime sexuelle Beziehung zu unserem Partner oder unsere sexuelle Ausgeglichenheit. Für einen religiösen Menschen kann das Bild des Gotteshauses einen inneren Konflikt zwischen Sexualität und Moral oder religiösen Gefühlen verkörpern.

103 SOCKEN

Socken oder andere Bekleidungsstücke, die eng am Körper anliegen, gelten als Darstellung der weiblichen Genitalien. Das An- oder Ausziehen dieser Stücke steht für den Geschlechtsakt. **Handschuhe (104)** und **Schuhe (105)** sind weitere Bilder dieses Typs. Schuhe können auch Autorität und Herrschaft bedeuten – sie erinnern uns dann an unsere Kindheit.

SIEHE AUCH
106: **Falsche Telefon-nummer** S.38; 107, 108, 109: **Explosionen** S.44

106 HANDY

Dieses moderne Bild des rasanten, sexy Lifestyles gehört zu den Freud'schen Phallussymbolen. Es nimmt die Stelle des abwesenden Geliebten ein und stellt Einsamkeit und sexuelle Sehnsucht dar, und es steht für Masturbation. Das mächtige Werkzeug direkter persönlicher Kommunikation kann auch als Kommunikationshindernis unser Streben nach sexueller Intimität enttäuschen.

WUT UND FRUSTRATION

107, 108 UND 109 MÄCHTIGE PHÄNOMENE

Bilder eines **Dammbruchs (107)**, **Vulkanausbruchs (108)**, einer **Lawine (109)** von Schnee oder Fels warnen vor emotionaler Explosionsgefahr und dem Verlust der Kontrolle – ein Zeichen, dass wir Unausgesprochenes aussprechen sollten.

Im positiven Sinn weist der Traum auf dynamische kreative Energien.

110, 111, 112 UND 113 UNVERMUTETE GEWALT

Unerwartete Wut auf jemanden erscheint als plötzlicher **Gas- oder Feuerausbruch (110)** – eine Flasche steht für das »Bis-oben-hin-voll-Gefühl«. Das Bild kann noch gewalttätiger werden – **Vitriol** oder **Säure (111)** ins Gesicht geschleudert, das **Gesicht** aus einem Foto **ausgeschnitten (112)**, ein **Gelieber enthauptet (113)**. Solch destruktive und Hass erfüllte Träume weisen auf die Dringlichkeit hin, uns mit unserer aufgestauten, gefährlichen Wut auseinander zu setzen.

114 UNFÄHIGKEIT ZU VERSTEHEN

Wir hören eine Botschaft, wir spüren, dass sie höchst wichtig ist, aber wir sind außerstande sie zu verstehen – eine Erfahrung, die noch wütender macht, wenn wir die Worte klar und in unserer eigenen Sprache hören.

Ebenso frustrierend ist das Szenario, wenn wir versuchen, jemandem etwas zu erklären, uns aber nicht verständlich machen können. Beide Träume sprechen einen Bereich unseres Lebens an, in dem die Kommunikation blockiert ist. Missdeuten wir die Emotionen einer nahe stehenden Person oder sind wir nicht offen genug zu ihr?

115 FRUSTRIERENDE AUFGABEN

Frustration über Routine zu Hause oder im Beruf wird in Bilder übertragen, in denen wir vergeblich versuchen, ein Kartenhaus zu bauen, oder einen riesigen Raum mit der Zahnbürste zu schrubben. Wie die klassischen Mythen von den Plagen des Herkules (eine Reihe nahezu unlösbarer Aufgaben als Strafe für die Ermordung seiner Familie in einem Anfall von Verwirrtheit) oder von den Sisyphusqualen (verdammt, in alle Ewigkeit einen Felsblock den Berg hinaufzurollen, der kurz vor dem Gipfel wieder hinunterrollt) geben diese ärgerlichen, sinnlos erscheinenden Träume unserem überheblichen Ego eine Lektion in Bescheidenheit.

116 IM RESTAURANT KEINEN TISCH BEKOMMEN

SIEHE AUCH
116: **Tischgesellschaft** S.150

In einem Restaurant abgewiesen zu werden vereint Frustration und Enttäuschung mit dem Gefühl sozialer Entfremdung und – da Essen oft eine erotische

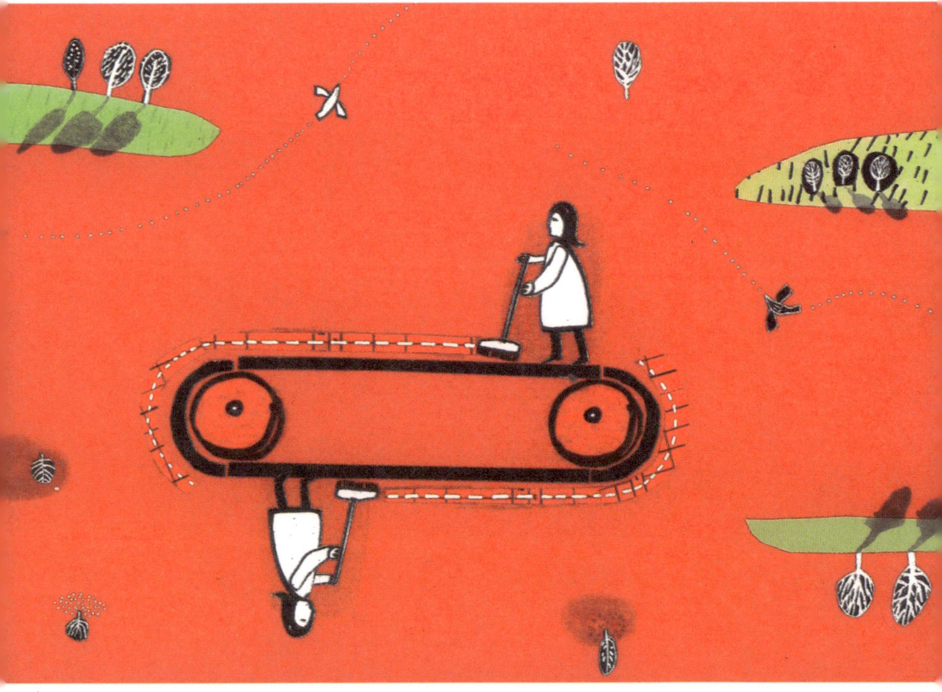

Dimension hat – auch mit sexuellem Minderwertigkeitsgefühl. Ein übereifriger Maître d'Hôtel kann für überbesorgte Eltern stehen, die unsere Entwicklung und sexuelle Unabhängigkeit behindern.

117 DEN ZUG VERSÄUMEN

Einem abfahrenden Zug nachzulaufen ist ein verbreitetes Traumbild. Der Zug ist nach Freud ein klassisches Phallussymbol und drückt eine sexuelle Ursache hinter der im Traum erkennbaren Frustration aus. Vielleicht streben wir auch nach mehr Nähe zum abwesenden oder emotional distanzierten Vater. Beim Mann kann der versäumte Zug Impotenzangst ausdrücken.

Einen **stehenden Zug (118)** beobachten oder darin sitzen, ein **Verkehrsstau (119)** oder eine **Autopanne (120)** können Frustration über eine richtungslose Beziehung ausdrücken, die nirgendwo hinführt. Das Bild von der vergeblichen **Parkplatzsuche (121)** steht für unsere Unfähigkeit, unseren Platz im Leben zu finden.

VERLUST UND TRAUER

122 LEERER GELDBEUTEL

Wörtlich genommen bedeutet der leere Geldbeutel, dass wir dem Materiellen mehr Bedeutung zumessen als wir glauben. Das ist aber auch das klassische Traumbild der Beraubung, oft ausgelöst durch einen Verlust – Tod, Scheidung, Trennung – und das Trauern um dadurch verlorene Liebe, Geborgenheit und Sicherheit. Es kann auch durch die Erinnerung an nie mehr wiederkehrende Erlebnisse wie etwa die sorgenfreie Kindheit und Jugend hervorgerufen werden.

123 ASCHE ODER STAUB

In Erinnerung an die Worte des Priesters beim Begräbnis »Asche zu Asche, Staub zu Staub«, werden diese Bilder oft mit dem Verlust eines lieben Menschen oder einer Sache verbunden. Sie bedeuten auch das Begraben einer schwierigen oder schmerzlichen emotionalen Erfahrung.

124 JEMANDEN IN DER MENGE VERLIEREN

Jemanden, den wir lieben, in einer großen Menschenmenge zu verlieren, wird meist mit Trauerarbeit gleichgesetzt. Das kann mit unerwarteten Ressentiments gegenüber dem Verstorbenen einhergehen. Es ist nicht ungewöhnlich, dass Hinterbliebene neben der Trauer über den Verlust auch das Gefühl haben, der Tote habe beschlossen, sie zu verlassen.

125 DER GELIEBTE ENTSCHWINDET IN DER FERNE

Die geliebte Person entfernt sich immer weiter und verschwindet schließlich. So wie das Bild des von der Menge verschluckten Toten vermischen sich die in diesem Bild ausgedrückten Trauergefühle mit Vorwürfen wegen des Todes eines nahe stehenden Menschen – besonders, wenn der Verstorbene unsere wiederholten Versuche ignoriert, seine Aufmerksamkeit zu erwecken.

Wenn der Geliebte aber aus der Ferne **zum Abschied winkt (126)**, bevor er entschwindet, heißt das, dass auch unser Schmerz schwindet, wenn wir uns langsam mit unserem Verlust abfinden.

127 DUNKLES HAUS

Ein Haus gilt oft als Symbol des Träumenden und repräsentiert den Ort, an den wir uns von der Außenwelt zurückziehen, um unser inneres Leben zu leben. Ein dunkles, kaltes und leeres Inneres drückt den Verlust aus, den wir empfinden, wenn uns die Wärme und das Licht unserer Liebsten genommen wird.

128 AUSGESPERRT

Wenn wir an der Schwelle stehen und den Schlüssel nicht finden können oder wir nicht imstande sind einzutreten, heißt das, dass wir nicht wissen, wie wir jenseits der unüberwindlich scheinenden Schranke der

Trauer weitergehen sollen. Allein durch das Bewusstmachen dieser Schranke kann der Traum zum Beginn des Heilungsprozesses werden, wir beginnen Wege in eine Zukunft ohne den geliebten Verstorbenen zu sehen.

129 UND 130 INKONGRUENTE GEFÜHLE

Wir sind Zuschauer eines eigentlich freudigen und festlichen Anlasses – einer Party, einem Sportereignis, einer Karnevalssitzung – und wir fühlen nur tiefe **unpassende Traurigkeit (129)**. Das verweist auf die Notwendigkeit, uns von den vielen Zerstreuungen und Sorgen abzuwenden, mit denen wir – unbewusst – nach einem großen Verlust unser Leben erfüllt haben. Diese Aktivitäten haben uns daran gehindert, uns unserer Trauer zu stellen.

Umgekehrt können wir **ungebührliche Freude (130)** in einer Situation verspüren, die im Wachzustand normalerweise traurig wäre, wie das Begräbnis eines lieben Menschen. Solche Bilder können unseren Glauben an ein Leben nach dem Tod stärken, die Überzeugung, dass der Verstorbene an einen »besseren Ort« gelangte. Der Traum könnte aber auch die Realitätsverleugnung ausdrücken, durch die wir uns vor dem Schmerz des Verlustes schützen wollen. Unbewusst weigern wir uns, der Realität des Todes ins Auge zu sehen.

RELIGION UND SPIRITUALITÄT

131 HIMMEL

Der Himmel kann in der traditionellen, in religiöser Kunst dargestellten Form erscheinen – von Licht erfüllter Himmel, Gott von Engeln und Cherubinen umgeben – aber auch als vertraute idealisierte Landschaft. Wenn wir uns selbst darin sehen, deutet das auf unsere Suche nach spiritueller oder religiöser Wahrheit. Wenn wir vor dem Thron Gottes stehen, kann das auch an Darstellungen des Jüngsten Gerichts erinnern – vielleicht müssen wir noch negative Aspekte unserer Psyche bewältigen, bevor wir uns auf die spirituelle Ebene begeben können.

132 JESUS CHRISTUS

Jesus symbolisiert das Göttliche und das Menschliche. Das Bild des Gekreuzigten erscheint als Symbol von Leben, Tod, Auferstehung und Erlösung. Solche Träume kommen in kritischen Lebenssituationen vor – vielleicht in der Nähe des Todes oder wenn persönliche oder spirituelle Fragen uns sehr beschäftigen. Jesus kann ebenso den Wunsch nach innerem Frieden und nach dem Dienst an anderen ausdrücken, wie das heiter mitfühlende Bild des meditierenden **Buddhas (133)**.

134 JUNGFRAU MARIA

Als Verkörperung des weiblichen Ideals der Christenheit symbolisiert die jungfräuliche Mutter Jesu das Streben nach Reinheit, Mitgefühl und

Gnade – es drückt ein Abgehen von der Sinnlichkeit und »niedrigen« Leidenschaften ab, wie sie mit den antiken Göttern wie Venus (Aphrodite), der Göttin der Liebe, assoziiert werden.

135 PROPHETEN UND HEILIGE

Heiligengestalten repräsentieren höhere religiöse Bedürfnisse. Sie können unsere persönliche Suche nach religiöser Erfüllung anspornen.

136 ENGEL

Engel haben meist die Bedeutung, die die christliche Tradition ihnen

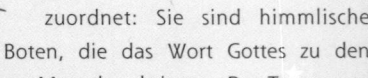

zuordnet: Sie sind himmlische Boten, die das Wort Gottes zu den Menschen bringen. Der Traum von der Verkündigung, in der der Erzengel Gabriel Maria sagt, dass sie Christus gebären wird, tritt auf, wenn wir meinen, selbst vor einem spirituellen Übergang zu stehen. Der Erzengel Michael, der den Drachen tötet oder das himmlische Heer gegen Satan führt, ist das christliche Symbol des Lichts, das die Kräfte der Finsternis vertreibt, vielleicht einen persönlichen »Dämon«, den wir überwältigen müssen. Engel werden auch mit verstorbenen Kindern gleichgesetzt und können uns in unserer Trauer trösten.

137 LICHTWESEN

Das für die Jung'sche Traumdeutung zentrale Lichtwesen ist ein archetypisches Bild, das ein universelles spirituelles Prinzip verkörpert. Wir stellen uns eine in das Licht des siebenarmigen jüdischen **Menorah-Leuchters (138)** getaucht Gestalt vor oder wir malen uns eine Figur aus, die von der Aura oder Mandorla des Lichts umgeben ist, die weltweit in vielen Religionen vorkommt. Dieses Licht drückt göttliche Energie aus.

139 FLIEGENDER ADLER

Der Adler, der durch die Lüfte schwebt, ist ein verbreitetes Symbol spirituellen Strebens, wenn er plötzlich zu Boden stürzt, soll uns das vor den Gefahren falschen Stolzes über unseren spirituellen Fortschritt warnen.

140 PRIESTER

Ein Priester, Rabbi, Pastor oder eine heilige Person repräsentieren die Autorität der Kirche. Er steht auch für die Eltern, die uns Kinder spirituelle und moralische Weisheit lehren – vielleicht sehnen wir uns nach Zeiten einfacher moralischer Gewissheiten.

141 HINDU-GOTTHEITEN

Die vielfältigen Hindu-Gottheiten verkörpern eine komplexe, mächtige Symbolik. Brahma ist der Ursprung des Kosmos, Vishnu der Beschützer und Shiva der Vernichter der Dämonen und Schöpfer des Lebens. Zusammen mit Devi, der mächtigen Göttin, drückt ihr Erscheinen beunruhigende Leidenschaft, aber auch große Liebe, Kreativität und befreiende Energien aus.

SIEHE AUCH
139: **Preise**
S.25

DAS SELBST UND DIE ANDEREN

DER KÖRPER

142 LINKE UND RECHTE SEITE

Nach Jung assoziiert man Träume von der linken Seite mit dem Unbewussten, von der rechten Seite mit dem Bewusstsein. Links ist traditionell mit Missgeschick und Unverlässlichkeit verbunden (lateinisch »sinister« bedeutet »links« und »böse«). Träume, die sich auf die linke Hand oder Körperseite beziehen, reflektieren unsere (unbewussten) Zweifel an einer Person oder Angelegenheit. Die Rechte hingegen wird mit Glück und Vertrauen assoziiert (jemand ist unsere »rechte Hand«), diese Träume entspringen dem Gefühl des Wohlbefindens und des Optimismus.

Der **Rücken einer Person (143)** bedeutet Trauer, wenn es der Rücken eines lieben Verstorbenen ist; ist es ein lebender Elternteil, verspüren wir, dass er uns zu wenig Unterstützung gegeben hat. Bei einer unbekannten Person oder einer Gruppe kann der Traum ein allgemeines Gefühl des Verlassenseins oder des vom Leben »Zurückgesetztseins« ausdrücken. Unser eigener Rücken bedeutet, dass wir das nahende Alter zu spüren beginnen (die Jugend »kehrt uns den Rücken«).

144 HERZ

Das Symbol des emotionalen Zentrums unseres Seins drückt das Bedürfnis nach bedingungsloser Liebe, Fürsorge und emotionaler Sicherheit aus. Das gebrochene oder verformte Herz deutet auf Unsicherheit in den Gefühlen zu einer nahe stehenden Person hin.

145 HAAR

Langes Haar ist Symbol der Eitelkeit, kann aber auch das starke Gefühl einer Frau für ihre eigene Weiblichkeit ausdrücken. Sich selbst im Traum mit geschorenem Haupt zu sehen bedeutet für beide Geschlechter ein Gefühl des Machtverlustes – viele von uns kennen die biblische Geschichte von Samson, dessen Stärke schwand, als sein Haar geschoren wurde.

Der **Vollbart (146)** repräsentiert Männlichkeit, ein weißer Bart ist das Zeichen männlicher Reife und Weisheit – eine bärtige Gestalt kann unseren Vater repräsentieren. Wegen der Nähe zum Mund können

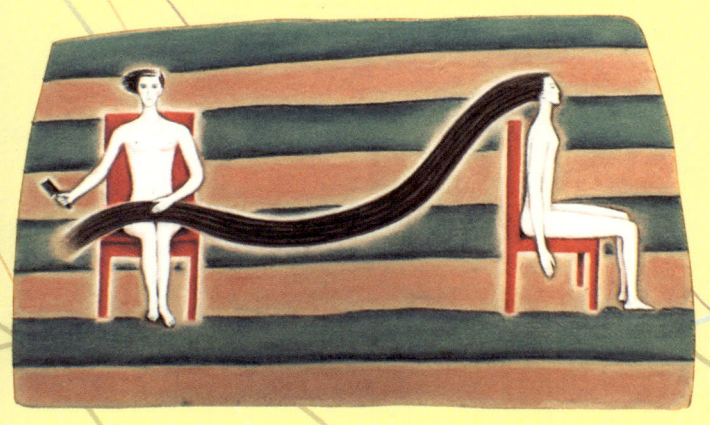

Spitzbart oder Schnurrbart (147) trotz der maskulinen Assoziation die weibliche Scham bedeuten.

148 BLUT

Blut ist das Symbol des Lebens selbst, wenn es aber plötzlich hervorströmt oder als Fleck erscheint, kann es gewalttätige Emotionen oder exzessive Opferbereitschaft ausdrücken: Unternehmen wir gerade Anstrengungen, etwa in einer Beziehung, die nicht wirklich geschätzt werden? Abfließendes Blut bedeutet Tod und Trauer. Zusammen mit einer Frauengestalt kann es Menstruationsblut sein, das beim Mann Angst vor weiblicher Körperlichkeit oder sexueller Aggression ausdrückt.

149 KNOCHEN

Knochen symbolisieren den Wunsch, zur Wurzel des Problems vorzudringen. Gebrochene Knochen zeigen Fehler und Irrtümer, deren sich der Träumende bewusst ist, ein Skelett wird mit dem Tod assoziiert.

150 AUGEN

Als »Fenster der Seele« reflektieren die Augen unser spirituelles und psychisches Befinden. Hell glänzend lassen sie auf Klarheit des Verstands, der Wahrnehmung und des Ziels schließen. Matte oder geschlossene Augen verweisen auf Ängste, Hemmungen und Kommunikationsmangel.

151 OHREN

Ohren bedeuten zuzuhören und auf neue Erkenntnisse einzugehen. Sie mahnen uns auch zu größerer Aufmerksamkeit auf die Worte und das Verhalten unserer Umgebung – jemand versucht uns etwas zu sagen.

152 GESICHT

Wir sehen unser Gesicht selten so wie andere es sehen: Fotos zeigen falsche Farben, im Spiegel ist es seitenverkehrt. Beim Anblick des eigenen Gesichts sollten wir überlegen, wer wir wirklich sind und welches Gesicht wir gewöhnlich den anderen zeigen. Verschiedene Gesichter mahnen uns zu Konzentration auf die für uns wichtigen Personen.

153 KOPF

Der Kopf symbolisiert eine Autoritätsperson, den Vater. Von hinten kann er einen emotional distanzierten Vater darstellen oder wenn er tot ist, das Gefühl des Verlusts.

154 MUND

Für Freud bedeutete der Mund die Vagina und unsere orale Fixiertheit als Kind – unsere Fixierung auf die Mutterbrust. Bei Erwachsenen ist der Mund den Ausdruck impulsiver Neigungen und des Wun-

SIEHE AUCH
149: **Symbole des Todes** S.108;
152: **Masken tragen** S.23

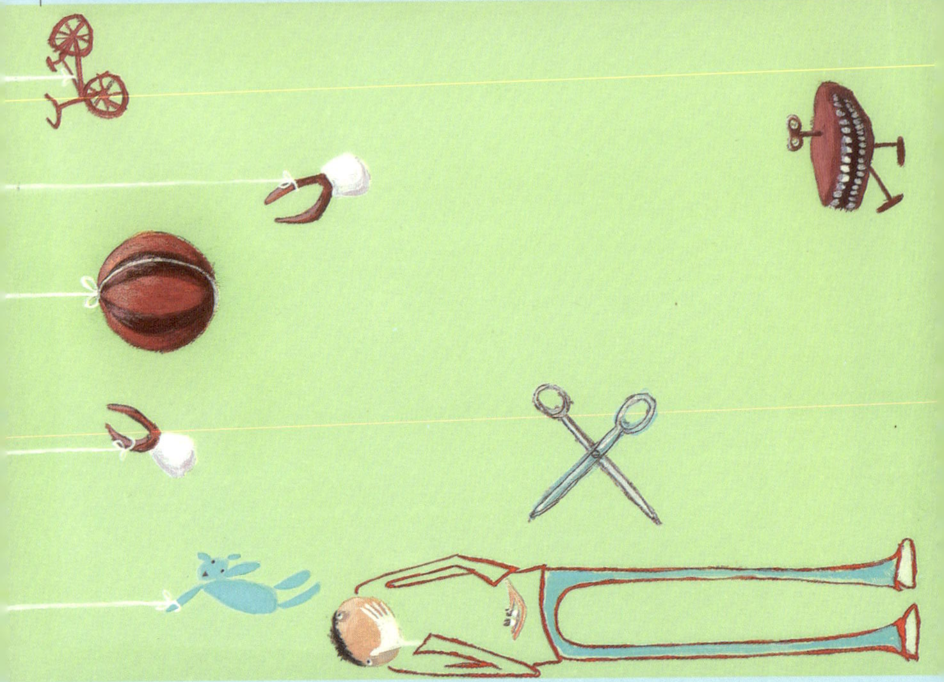

sches nach sofortiger Befriedigung. Er kann auch den Ausdruck unausgesprochener Emotionen und unerforschter Kreativität bedeuten. Ein offener Mund steht für die Angst, von mächtigen Gefühlen »verschlungen« zu werden.

155 ZÄHNE

Wenn wir im Traum unsere Zähne verlieren, heißt das, dass wir Angst haben, unsere Jugend, Vitalität und Sexualkraft zu verlieren. Eine bedrohlich wirkende Zahnreihe mahnt zur Vorsicht vor jemandem, der unsere Freundschaft sucht.

156 NASE

Eine vorstehende Nase bedeutet, dass man »seiner Nase nachgehen« und seinen Instinkten trauen soll. Für Freudianer ist die Nase ein Phallussymbol. Der »Pinocchio-Traum« vom Lügner, dessen Nase zur Strafe immer länger wird, weist hin auf Schuldgefühle wegen Unaufrichtigkeit besonders in sexuellen Belangen.

157 HAUT

Die Haut symbolisiert unsere Erscheinung in der Welt. Eine schöne, sanfte Haut deutet auf die unrealistische Sehnsucht nach Perfektion. Geschädigte, narbige Haut drückt Minderwertigkeitsgefühle aus.

158 HÄNDE

Hände symbolisieren gute und böse Taten. Händewaschen bedeutet Ablehnen von Verantwortung, ähnlich wie Pontius Pilatus seine Hände in Unschuld wusch. Die Hand auf dem Kopf einer Person ist ein Segenszeichen oder Ausdruck des Beherrschens.

159 FINGERNÄGEL

Mit den Nägeln das Gesicht des Geliebten, eines Freundes oder Kollegen zu zerkratzen bedeutet nicht unbedingt Feindschaft, es kann auch den Wunsch ausdrücken, unter der Oberfläche mehr von ihm zu entdecken.

160 ARME

Arme können trösten und umarmen, kämpfen und zurückweisen. Erhobene Arme bedeuten Autorität und drohende Bestrafung, sie verweisen auf Schuldgefühle. Ausgestreckte Arme drücken das Bedürfnis aus zu schützen oder beschützt zu werden. Arme, die uns umfassen, bedeuten, dass wir Trost suchen.

SIEHE AUCH
162: **Nacktheit**
S.73, **Socke**
und **Schuh**
S.50

161 BEINE

Gehende Beine repräsentieren den Drang, in der Beziehung oder in der Karriere vorwärts zu kommen, laufende Beine bedeuten, dass es Zeit ist zu gehen. Wollen wir vor etwas davonlaufen? Nach Freud ist ein einzelnes Bein, besonders wenn es nackt ist, ein Phallussymbol. **Füße (162)** haben sexuelle Bedeutung, wenn Schuhe oder Socken angezogen werden.

163 BAUCH

Ein runder Bauch ist das Symbol weiblicher Fruchtbarkeit und kann den Wunsch nach Rückkehr in den warmen Mutterleib implizieren. Bei einer Frau kann der Bauch auch Muttergefühle bedeuten. Der Unterleib bedeutet auch, dass wir Gefühle »aus dem Bauch heraus« hinausschreien sollen.

164 BRÜSTE

Brüste bedeuten die Behaglichkeit an Mutters Busen und drücken unsere emotionale Unsicherheit und Mangel an Zuneigung aus. Die eigentliche Quelle des Lebens unserer frühesten Monate bedeutet für Jungianer das Sehnen nach spiritueller Erneuerung: ein unbewusster Wunsch aus der geistigen Quelle im Zentrum unseres Seins zu trinken.

165 HINTERTEIL

Ein großes Hinterteil ist ein häufiges Traumsymbol weiblicher Fruchtbarkeit und Sexualität. Wie die Brüste steht es für unsere Mutter, kann aber einfach auch Ausdruck sexueller Enttäuschung sein.

GEBURT UND AUFERSTEHUNG

166 EIN EI FINDEN

In vielen mythologischen Überlieferungen wird ein Ei als Ursprung des Kosmos und aller Existenz beschrieben. Jungianer beschreiben den Traum vom Ei als Zeichen, dass der Träumende für eine neue Phase der Kreativität bereit ist. Die Zerbrechlichkeit des Eis besagt aber, dass diese kreative Energie sorgsam gepflegt werden muss.

167 DAS GÖTTLICHE KIND

Das Göttliche Kind ist einer der Archetypen Jungs (siehe S. 16), es bedeutet Neuschaffung, Perfektion und die Totalität unseres Seins, im Gegensatz zum Ego, das er als »nur ein Stück Bewusstsein« beschreibt, das auf »einem Meer [verborgener] Dinge« schwimmt. Das als Kind oder Baby erscheinende Göttliche Kind repräsentiert unser inneres Potenzial und unsere Kraft, uns selbst zu verändern – es bringt uns dazu, höhere Ziele zu verfolgen.

NACKTHEIT UND BEKLEIDUNG

168 NACKTHEIT

Der Traum, nackt zu sein, hat verschiedene Bedeutungen. Wir sehnen uns nach verlorener Unschuld, dargestellt in unserem eigenen nackten Körper oder durch Adam und Eva im Garten Eden. Die nackte Gestalt kann auch latenten Exhibitionismus ausdrücken – oder einfach den Wunsch nach Sex. In Freud'scher Sicht ist die **nackte Frau (169)** meist Ausdruck sexueller Sehnsucht der Träumenden – Männer oder Frauen –, die sexuell von Frauen angezogen werden. Für eine Frau kann das auf unerforschte lesbische Neigungen oder auf Exhibitionismus weisen.

Freudianer sehen auch den **nackten Mann (170)** als Ausdruck hetero- oder homosexueller Wünsche und möglicher exhibitionistischer Neigungen des männlichen Träumenden. Eine starke idealisierte Gestalt deutet auf Probleme mit dem Vater. Nach Jung drückt eine idealisierte nackte Gestalt, gleich welchen Geschlechts, wie die nackten Darstellungen der griechischen und römischen Götter, die Sehnsucht nach Liebe und nach Erreichen einer höheren geistigen Ebene aus.

171 NACKTE KINDER

Ein nacktes Kind kann mit dem Jung'schen Archetypus vom Göttlichen Kind (siehe S. 16) oder ganz allgemein mit Unschuld und ungehindertem Ausdruck gleichgesetzt werden. Anders als Erwachsene finden kleine Kinder nichts dabei, nackt zu sein. Ein nacktes Kind zuzudecken weist auf Prüderie und allgemeine Schwierigkeiten, Emotionen auszudrücken.

172 AKZEPTIEREN DER NACKTHEIT ANDERER

Von Nackten zu träumen, von ihrer Nacktheit aber unberührt zu bleiben, bedeutet bei bekannten Personen, dass wir sie so akzeptieren, wie sie wirklich sind; ihre Nacktheit zu akzeptieren bedeutet Frustration über ihr affektiertes Verhalten – wir wünschen uns, dass sie natürlicher sind.

173 ANDERE AKZEPTIEREN UNSERE NACKTHEIT

Wenn wir im Traum nackt unter anderen Leuten sind, die unsere Nacktheit offensichtlich ignorieren, heißt das, dass wir uns nicht um die Meinung anderer kümmern. Vielleicht wollen wir auch Seiten unserer wahren Persönlichkeit zeigen, von denen wir nicht wissen, ob sie von unserer Umgebung akzeptiert werden.

174 ABSCHEU VOR DER NACKTHEIT ANDERER

Wenn wir von der Nacktheit von Bekannten schockiert sind, ist dies möglicherweise Ausdruck unserer unbewussten Ängste bezüglich der wahren Natur und der Motive dieser Personen. Diese Abscheu vermag allerdings mehr über uns selbst aussagen als über die anderen: Unser

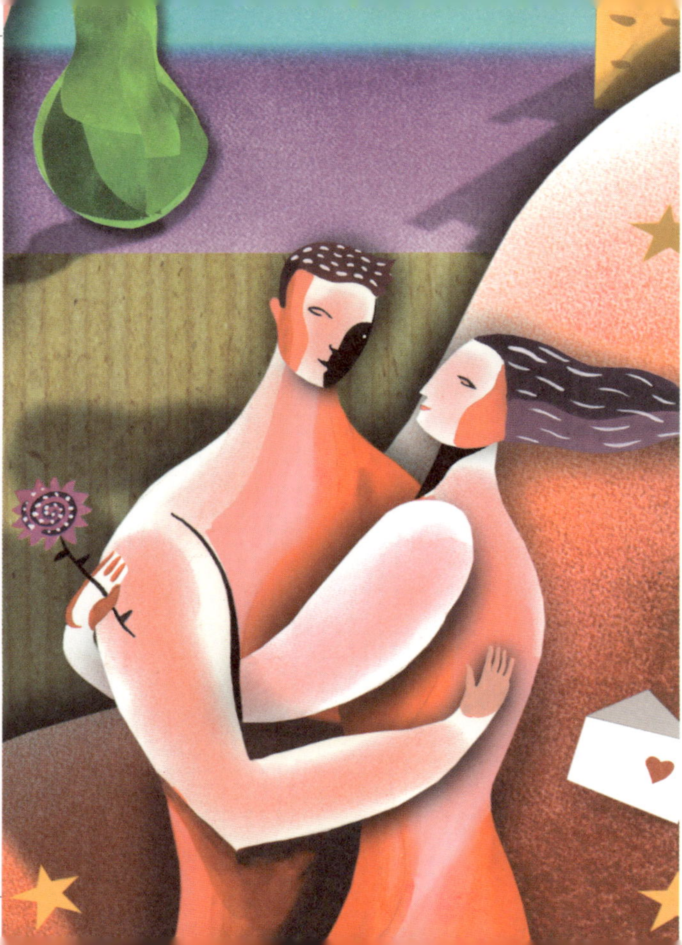

Ressentiment über seine völlige Offenheit kann von der Erkenntnis unserer eigenen Hemmungen ausgelöst werden.

175 UND 176 ENGE/WEITE KLEIDUNG

Enge Kleidung (175) deutet auf berufliche Einengung, Befangenheit in der Öffentlichkeit und Hemmungen in einer intimen Beziehung. Enge Kleidung bedeutet auch, dass man mehr will als man derzeit erreichen kann. Freudianer verbinden sie mit Gedanken an die Brüste oder das Hinterteil, deren Form sie betont.

Träumende, die **weite Kleidung (176)** tragen, versuchen, ihre wahre Gestalt zu verbergen (also auch ihre wahre Natur und Identität). Dieser Traum bedeutet auch unser Sehnen nach Freiheit von Behinderungen.

177 DIE KLEIDUNG VON ANDEREN ANZIEHEN

Bekleidung ist oft Symbol unseres inneren Selbst. Wenn wir etwas anziehen, das jemand anderem gehört, drückt das Schwierigkeiten aus, uns so zu akzeptieren, wie wir sind. Neben dem Zusammenhang mit Travestie kann für Jungianer das Tragen von Bekleidung des anderen Geschlechts auch das Bedürfnis des Träumenden signalisieren, die Anima (den weiblichen Aspekt der männlichen Natur) oder den Animus (den männlichen Aspekt der weiblichen Natur) auszudrücken (siehe S. 17).

Nach Freud bedeutet der Traum von einem Kind, das **Kleidung der**

Eltern (178), besonders des anderen Geschlechts, anlegt, dass unsere kindliche Rivalität mit einem Elternteil um die Zuneigung des gegengeschlechtlichen Elternteils noch sehr lebendig ist.

179 SCHÄBIGE KLEIDUNG

Träumende, die schäbige Kleidung oder Lumpen anhaben, projizieren darin ihre niedrige Selbstwertschätzung. Der Traum ist eine Warnung vor Selbstmitleid.

180 KLEID ODER ROCK

Viele westliche Frauen tragen heute gewöhnlich Jeans oder Hosen. Ein Traum von einem Kleid oder Rock kann für Männer oder Frauen den Wunsch nach Ausdruck der weiblichen Seite bedeuten. Er kann auch unsere Mutter und die frühe wohlige Vertrautheit bedeuten.

Eine **Frau in Hosen (181)** kann den Wunsch nach – oder die Angst vor – Beherrschung durch eine Frau ausdrücken, obwohl diese Interpretation kaum mehr gilt, seit Frauen häufig Hosen tragen.

182 MANTEL

Der Mantel repräsentiert unsere Neigung zu Heimlichkeit, aber auch unser Sehnen nach spiritueller Liebe. Freudianer sehen ihn als Ausdruck der warmen Umarmung weiblicher Sexualität.

183 WEISSE HANDSCHUHE

Weiße Handschuhe symbolisieren unsere Sorge um Reinheit oder Ruhe. Sie auszuziehen drückt den Wunsch nach ehrlichem Umgang mit jemandem aus.

184 AUFGETRENNTER PULLOVER

Ein Pullover oder ein anderes wollenes Kleidungsstück, das sich auftrennt, deutet auf zunehmende Desillusionierung über lieb gewordene Prinzipien oder eine bisher bewunderte Person. Es kann aber auch ein Zeichen sein, Personen oder Ideen, die mit dem Pullover assoziiert sind, aufzugeben, und sich neuen Zielen zuzuwenden.

185 HÜTE WECHSELN

Ein Hut kann viele Bedeutungen haben. Für Jung symbolisiert er Gedanken; Träumende, die den Hut wechseln, sind auf einer Stufe persönlichen Wachstums, auf der sie alt Hergebrachtes als »alte Hüte« ansehen und neue Sichtweisen von sich und der Welt finden.

SIEHE AUCH
183: **Handschuhe** S.50

186 TARTAN

Tartan wird mit dem Kilt und dem langen Stoffschal der schottischen Männertracht assoziiert und deutet daher auf Bilder robuster Männlichkeit, besonders seit dem Filmerfolg »Braveheart«. Für Jungianer repräsentiert der in Tartan gekleidete schottische Highlander im Traum einer Frau den Archetypus des Animus (siehe S. 17), die maskulinen Aspekte der weiblichen Psyche, aus denen die Träumerin Kraft und Stärke bezieht.

187 TURBAN

Für den frommen Moslem oder Sikh ist der Turban Symbol von Würde, Macht und Autorität. Für Andersgläubige kann der Turban mit östlicher Mystik assoziiert werden und spirituelle Ziele des Träumenden oder den Sinn nach Exotik ausdrücken. In letzterem Fall deutet das auf Entfremdung von Freunden, Geliebten oder Kollegen oder auf den Wunsch nach einem aufregenderen Leben. Durch die Betonung des Kopfes kann der Turban auch eine Autoritätsperson darstellen.

188 GÜRTEL

Der Gürtel hilft, unsere Kleidung zusammenzuhalten und gesellschaftsfähig zu bleiben, er symbolisiert daher unsere Sorge, das »offizielle Gesicht« zu wahren. Er ist auch ein Band, das eng anliegt und unsere Freiheit und Beweglichkeit einschränkt. Den Gürtel zu verlieren ist ein zweideutiges Traumbild. Haben wir Schuldgefühle und fürchten wir, »die Hosen runterzulassen«? Oder fühlen wir uns bereit, »loszulassen« und uns von hemmenden Verhaltens- und Denkmustern zu befreien?

189 MASKENPAAR

Eine einzelne Maske repräsentiert das falsche Bild, das wir anderen von uns im wirklichen Leben geben. Ein Maskenpaar symbolisiert unsere inhärente Dualität – in Jung'scher Terminologie die entgegengesetzten Kräfte von Licht und Dunkel, die in jedem Individuum koexistieren.

190 STIEFEL

Der Stiefel drückt den Wunsch aus, Herrschafts- und Besitzansprüche anderer abzuschütteln (ihnen einen Tritt zu verpassen). Wir tragen Stiefel, um unsere Füße zu schützen und fest auf rauem Boden zu stehen, das bedeutet, dass wir uns bemühen müssen, auch in emotional schwierigen

Zeiten die Füße am Boden zu behalten. Die Stiefel zu wechseln kann eine Traummetapher für Statusänderungen in letzter Zeitoder Wendungen des Schicksals sein.

191 PELZ

Für Freudianer ist der Pelz ein Symbol für die Schamhaare. Träumende, die sich selbst in einen warmen schützenden Pelz eingehüllt sehen, sehnen sich nach Rückkehr in die völlige Sicherheit des Mutterleibs.

Das unbefleckte Weiß des **Hermelins (192)** macht ihn zum traditionellen Symbol moralischer Reinheit – ein bedeutendes Attribut, säumt es doch die Roben von Königen, Adeligen, Prälaten und Richtern. Der Traum vom Tragen eines Hermelins deutet auf die Sehnsucht nach kindlicher Unschuld – oder auf Größenwahn.

193 UNTERWÄSCHE

Unterwäsche kann für Gefühle stehen, die wir lieber für uns behalten wollen. In der Öffentlichkeit in Unterwäsche gesehen zu werden, bedeutet Angst, unsere wahren Ansichten könnten bekannt werden.

194 RÜSTUNG

Wie ein Ritter gekleidet zu sein deutet auf den Wunsch hin, uns vor den Gefahren des Lebens zu schützen. Mit so einer schweren Rüstung behindert man sich aber selbst. Es wäre besser, das Leben leichter zu nehmen und sich dem zu stellen, was uns beunruhigt.

195 KETTEN

Ketten sind die Fesseln der Sklaverei und bedeuten, dass wir über unsere Situation im Beruf oder in der Beziehung unglücklich sind. Zerbrochene Ketten bedeuten die notwendige Konfrontation mit der Unzufriedenheit. Eine Menschenkette bedeutet eine viel versprechende Verbindung von Menschen zum allgemeinen Besten.

SIEHE AUCH

194: **Ritter** S.85; 196: **Mund** S.67; 197–202: **FARBEN** S.341–343

196 LIPPENSTIFT

Nach Freud bedeutet der Lippenstift lustvolle Sexualität, besonders im Traum vom phallischen Lippenstift, der sich den Lippen – den weiblichen Genitalien – nähert und sie streichelt. Wenn der Lippenstift das Gesicht oder den Körper wahllos beschmiert, drückt der Traum Angst vor sexueller Gewalt aus.

197 EDELSTEINE

Edelsteine stellen die Qualitäten dar, die wir an uns und an anderen schätzen. Die unzerbrechliche perfekte Reinheit der **Diamanten (198)** drückt Unbestechlichkeit, Integrität und perfekte Weisheit aus. **Saphire (199)** sind die Farbe des Himmels und symbolisieren Hoffnung, Freude und hohe Ziele; **Rubine (200)** erinnern an das heiße Blut der Leidenschaft und Ekstase; **Smaragde (201)** sind die Steine der Fruchtbarkeit und Neuschöpfung – Grün ist aber auch die Farbe der Fäulnis.

202 PERLEN

Als universelles Bild der Weiblichkeit, Liebe und Ehe ist die Perle ein Freud'sches Symbol weiblicher Sexualität, besonders, wenn wir sie eingebettet in die Auster – einem Symbol der Vagina – sehen, oder wenn sie als Teil einer Halskette eine Frau schmückt. Für Jung drücken Perlen auch das Streben des Träumenden nach Reinheit und nach Transzendenz der schweren Substanz durch spirituelle Kultivierung aus. Wenn die Perle im Traum mit einer uns bekannten Person verbunden ist, sollten wir auf die »Perle der Weisheit« hören, die sie uns schenkt.

203 TÜRKIS

In Europa und Asien wird dieser Stein traditionell als Schutz gegen den »Bösen Blick« getragen, weil sein exquisites Blau mit dem Himmel assoziiert wird. Auch in Amerika ist er mit Himmel und Sonne verbunden. Im Traum repräsentiert er höhere Ziele.

SIEHE AUCH
203–204:
FARBEN
S.341–343;
205: **Hochzeit**
S.157, **Null**
S.332, **Kreis**
S.338; 206:
MYTHOS &
LEGENDE
S.354–360,
HISTORISCHE
FIGUREN
S.362–367

204 JADE

In der chinesischen Mythologie ist Jade das versteinerte Sperma des Himmlischen Drachen. Sie repräsentiert die Vereinigung von Himmel und Erde, die kosmischen Urenergien, Fruchtbarkeit und Lebenskraft. Im Westen ist Jade mit der Symbolik ihrer grünen Farbe verbunden und im Englischen mit dem Traum-Wortspiel: Wollen wir etwas ändern, das reizlos (engl. jaded) geworden ist?

205 RING

Seit Jahrhunderten ist der Ring Symbol der Ehe. In weiterem Sinn kann ein Ring Hingabe, Erfüllung und Vollendung bedeuten. Er verweist auf ein Moment des Abschlusses, vielleicht des Akzeptierens eines Verlustes oder des Endes einer Beziehung.

DIE ANDEREN

206 HELD

Der Held, der Stärke, körperliche Perfektion und Mut zeigt, ist die archetypische Darstellung (siehe S. 16) unserer höchsten Ziele und Bestrebungen, er kann als bewunderte reale oder fiktive Person beiderlei Geschlechts verkörpert werden. In Mythos und Märchen begibt er sich oft auf große Fahrt, überwindet viele Herausforderungen und erwirbt profunde Weisheit. Im Traum eines Mannes sehen Jungianer das Märchen vom Helden, der ein Mädchen rettet, als Anerkennung der Anima, der femininen Seite des Mannes. Freudianer würden in diesem Bild die dominierende Vaterfigur sehen.

Ein verwandtes Bild ist das des mittelalterlichen **Ritters (207)**, dessen Mut und Kraft uns bei der Suche nach den emotionalen Ressourcen zur Bewältigung persönlicher Herausforderungen inspirieren.

208 RIESEN

Ein Riese erscheint in einem Traum von der Kindheit, als Erwachsene uns so groß vorkamen. Der Riese kann eine Autoritätsperson früher Jahre

sein – ein Elternteil, Lehrer oder Polizist – der zurückkommt, um uns mit Strafe für etwas zu bedrohen, weswegen wir uns schuldig fühlen. Riesen können aber auch gütig sein und Sicherheit und Schutz bieten. Wenn wir uns selbst als der Riese Gulliver die winzigen Leute um uns überragen sehen, bedeutet das Selbstüberschätzung, obwohl man den Traum auch als Zeichen für unsere Unsicherheit interpretieren kann, die überproportional groß wird.

209 SCHATTEN

Der Jung'sche Archetypus vom Schatten (siehe S. 16) repräsentiert den dunkleren Aspekt in jedem von uns. Seinem Schatten kann man nicht entkommen, aber die Vorurteile und anderen potenziellen destruktiven Zwänge, die er darstellt, sind lebenslange Herausforderungen, die uns um so weniger bedrohen, je mehr wir uns damit auseinander setzen.

210 SCHÖNE FRAU/SCHÖNER MANN

Für einen Mann stellt eine junge Frau, die sein Ideal perfekter Schönheit verkörpert, seine feminine Seite, die Anima, dar, die nach Jung Instinkt, Gefühl und Liebesfähigkeit personifiziert. Ein schöner junger Mann stellt den Animus dar, die maskuline Seite der weiblichen Psyche, er personifiziert Aktion, Überzeugungskraft und Durchsetzungsvermögen (siehe S. 17). Solche Figuren ermutigen uns, Anima/Animus zu kultivieren und nach ihren Eigenschaften zu suchen. Unser Bedürfnis dazu wird durch die Häufigkeit des Auftauchens solcher Bilder im Traum ausgedrückt.

211 ALTER MANN

Ein älterer Mann repräsentiert oft die Eigenschaften des Weisen alten Mannes (siehe S. 15), der uns zu persönlicher Entwicklung führt. Wenn er aber senil und altersschwach wirkt, bedeutet er Todesfurcht und bei Männern abnehmende Sexualkräfte.

212 ALTES WEIB

Die Gestalt des alten Weibs findet sich auf der ganzen Welt in Sagen und Mythen, sie lebt lange und ist sehr weise. Wenn sie als böse und feindselige Gestalt auftritt, stellt sie in Freud'scher Interpretation ungelöste Probleme im Verhältnis zu unserer Mutter dar, oder, im Traum eines Mannes, Kastrationsangst.

SIEHE AUCH
212: **Hexe** S.42;
216:
Wahrsagen
S.172; 217:
STERBLICHKEIT
S.107–109,
Schwarz S.341

213 ROWDY

Der Rowdy oder Gangster ist ein Antiheld, der alle negativen Aspekte zügelloser Energie darstellt. Wenn wir uns selbst in dieser Rolle sehen, lassen wir nach Jung die zerstörerischen Zwänge unserer unterdrückten dunklen Seite, des Schattens (siehe S. 16) erkennen. Das kann auch der Wunsch sein, Hemmungen, soziale Konventionen oder Beziehungen abzuwerfen, die unser kreatives Wachstum hemmen.

214 BETTLER

Der am untersten Ende der sozialen Leiter stehende Bettler erinnert uns an die Vergänglichkeit unserer weltlichen Ziele. Da er völlig von anderen abhängig ist, symbolisiert der Bettler auch niedrige Selbstachtung oder den Wunsch nach Selbsterniedrigung.

Der **Landstreicher (215)** kann die gleiche Bedeutung wie der Bettler haben, aber auch den Wunsch nach Freiheit von alltäglicher Langeweile und Stress ausdrücken. **Zigeuner (216)** sind ein noch deutlicheres Bild für unser Streben nach Freiheit. Ihre Selbstständigkeit, Ablehnung sozialer Normen und exotische Erscheinung sind ein Bild für das Abgehen von alten Wegen. Das Erscheinen einer Wahrsagerin deutet auf unerforschte Kreativität.

217 WITWE

Die Witwe in ihrer Trauerkleidung symbolisiert unsere Todesahnung. Da sie männliche Energie in ihrem Leben erfahren hat, kann sie in Freud'scher Traumdeutung so wie das alte Weib Ausdruck unbewusster männlicher Kastrationsängste sein.

218 STUMMER ZEUGE

Der stumme Zeuge, der weder sprechen kann noch will, steht für einen Bereich, in dem wir uns nicht ausdrücken können. Wenn wir den Intellekt über das Gefühl stellen oder umgekehrt, können wir nach Jung sprachlos werden und nicht offen mit anderen kommunizieren. Solange wir keine Balance finden, finden wir keine wahre Intimität.

219 BABY

Es wird kaum überraschen, dass in den Träumen junger Eltern Babys in Situationen auftauchen, in denen sie ersticken oder sonst in Gefahr sind. Solche Träume drücken unsere Sorge um das verletzliche Neugeborene aus, können aber auch die unbewusste Eifersucht eines Elternteils auf das Neugeborene zeigen.

220 ZWILLINGE

Zwillinge zeigen entgegengesetzte Aspekte der Persönlichkeit. Wenn sie kämpfen, heißt das, dass wir uns selbst nicht ganz akzeptieren; glückliche Zwillinge bedeuten innere Harmonie.

SIEHE AUCH
220: **Maskenpaar** S.80

221 FAMILIE

Wenn unsere ganze Familie erscheint, bedeutet das, dass wir uns nach der Geborgenheit der Kindheit

und der häuslichen Gemeinschaft sehnen. Wenn wir unsere Familie sehen, selbst aber nicht dabei sind, sind wir emotional von ihr distanziert und fürchten sogar die Familie als potentiellen Konfliktherd.

222 MUTTER

Die Mutter ist ein ambivalentes Traumsymbol. Sie ist Lebensspenderin, Quelle der Wiedergeburt und Kontinuität, als Mutter-Erde, zu der wir zurückkehren, ist sie auch Symbol des Todes. Sie repräsentiert sexuelle Reinheit und Erfahrung. Nach Freud gilt sie als Objekt unbewusster Begierde, löst aber auch Kastrationsangst aus. Jungianer assoziieren sie mit der Großen Mutter (siehe S. 17), die unser seelisches Wachstum beeinflusst.

Der Traum von unserer eigenen Mutter ist ganz einfach der Gedanke an die Frau, die uns das Leben gab. Wie sie erscheint, deutet auf unsere vergangene und bestehende Beziehung zu ihr hin. Ärgern wir uns über sie oder sind wir glücklich? Ärgert sie sich oder ist sie glücklich? Das Bild der bösen **Stief- oder Schwiegermutter (223)** drückt auch Ängste über unsere wirkliche Mutter aus.

224 VATER

Der Traum-Vater spielt eine explizit sexuelle Rolle im Freud'schen Konzept des Ödipuskomplexes (für dessen Existenz moderne Psychologen wenig Beweise fanden). Ein einschüchternder Vater deutet auf die sexuelle Unsicherheit des Träumenden; ein liebender oder verführerischer Vater kann den unbewussten Inzestwunsch einer Frau bedeuten. Für Jungianer transzendiert der Traum-Vater seine Elternrolle und wird zum Gesetzgeber und Gott gleichen Autorität in der Art des Archetypus des Weisen Alten (siehe S. 15) – ein Führer und Heiler, aber auch potenzieller Zerstörer. Der Traum vom eigenen Vater kann natürlich einfach nur Ausdruck unserer Gefühle und unserer Beziehung zu ihm sein.

225 BRUDER ODER SCHWESTER

Der Traum von Geschwistern erinnert an den kindlichen Wettstreit um die Liebe der Eltern. Wenn ein Bruder oder eine Schwester im Traum sterben, deutet das auf die Intensität der Geschwisterrivalität. Wie aber schon Freud bemerkte, ist diese Rivalität bloß eine Traumerinnerung, und nicht unbedingt ein Zeichen für die Andauer dieser Feindschaft.

226 ONKEL ODER TANTE

Onkel und Tanten ersetzen oft Vater und Mutter. Sie sind leichter zu akzeptierende Symbole unserer unbewussten Gefühle den Eltern gegenüber. Nach Jung ist der Onkel der Animus (männlicher Aspekt) der Träumerin, die Tante die Anima (weiblicher Aspekt) des Träumers (siehe S. 17).

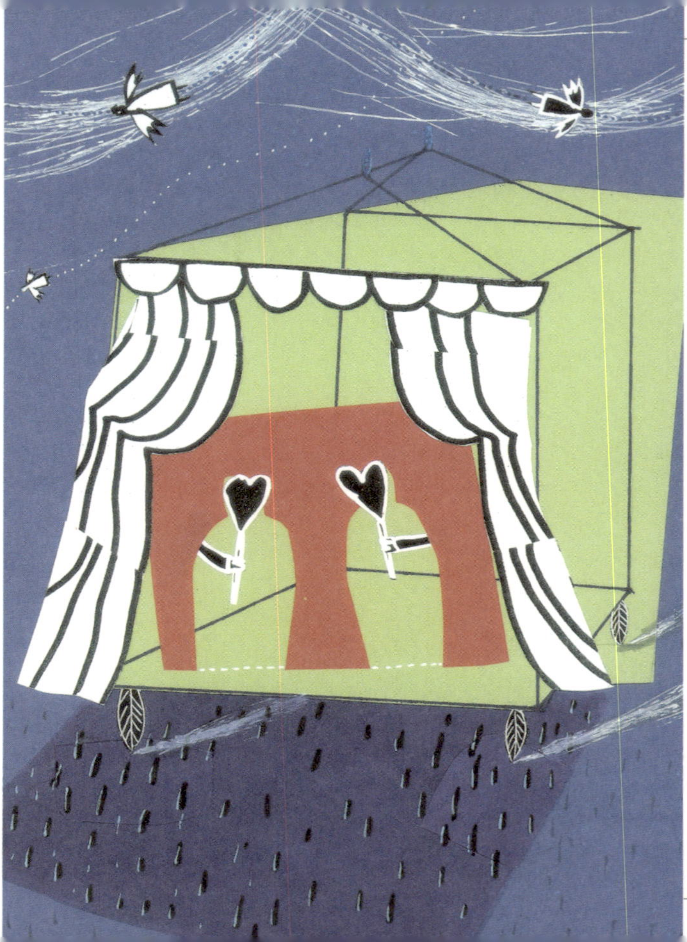

227 GROSSELTERN

Unsere Beziehung zu den Großeltern ist meist weniger emotionell befrachtet als die zu den Eltern, sie können den Wunsch nach unbelasteten Beziehungen zu Vater und Mutter ausdrücken. Für Jungianer symbolisiert der Großvater den Weisen Alten (siehe S. 15), die Großmutter den Archetypus der Großen Mutter (siehe S. 17).

228 ÖFFENTLICHE VERSAMMLUNG

Der Stolz, den wir fühlen, wenn wir in einer öffentlichen Versammlung mit einer Welle von Applaus begrüßt werden, symbolisiert den Durchbruch in einer schwierigen Lebenssituation. Endlich bekamen wir die verdiente Anerkennung. Der Angsttraum von Buhrufen hingegen entsteht aus dem Gefühl, nicht genug geleistet zu haben, reflektiert vielleicht auch unsere geringe Selbstwertschätzung und sogar Paranoia. Dieser Traum kann auch von Agoraphobie ausgelöst werden, von der Angst vor Menschenansammlungen.

SIEHE AUCH
227: **Mutter**
S.92, **Vater**
S.92; 228:
Parlament S.36,
Eine Rede
halten
S.206

229 GESELLSCHAFT

Gastgeber einer Gesellschaft zu sein, drückt den Wunsch aus, Freunden Zuneigung zu zeigen, die wir etwas vernachlässigt haben. Es kann aber auch

unseren Wunsch nach Zuneigung anderer ausdrücken. Bekannte Gesichter in der Gesellschaft zeigen, wen wir im Leben vermissen – einen früheren Partner oder einen jüngst Verstorbenen.

230 KINDER

Wer sich selbst im Traum als Kind sieht, sehnt sich nach Kindheitserlebnissen. Wenn wir sehen, wie uns die Eltern ihre Zuneigung zeigen, vermissen wir die bedingungslose Liebe aus unserer Kindheit. Kinder drücken aber auch Aspekte des gegenwärtigen Lebens aus, Gefühle der Verletzbarkeit und Unschuld.

SIEHE AUCH
230: **Bruder/ Schwester** S.93, **Mutter/Vater** S.92; 232: **Vertraute Fremde** S.30; 233: **Miete** S.203, **Haus** S.237

231 NACHBARN

Wir sehen Menschen, die in unserer Nähe wohnen, die wir regelmäßig sehen und grüßen, von denen wir aber wenig wissen. Das kann Ausdruck für ein Verlangen sein, unserem Alltag ein wenig Aufregung und Abwechslung hinzuzufügen.

232 FREUNDE

Freunde können sich wie Fremde verhalten, taub für unser Bemühen, sie an unsere Bekanntschaft zu erin-

nern. Solche Vorfälle deuten auf angeschlagenes Selbstbewusstsein. Der Traum kann aber auch bedeuten, dass wir nicht zu viel Energie und schon gar nicht unsere Rechtschaffenheit riskieren sollen, um Popularität zu erhaschen. Vielleicht dämmert uns, dass wir zu hart an einer Freundschaft arbeiten und dieses Bemühen nur einseitig bei uns liegt.

233 HAUSHERR ODER HAUSHERRIN

Das Haus gilt als Abbild des Träumenden; die beherrschende Anwesenheit eines anderen als des gegenwärtigen Eigentümers bedeutet, dass wir das Gefühl haben, unser Leben nicht ganz steuern zu können. Wir verspüren die Dominanz eines Partners oder Elternteils.

234 CHEF

Der Traum vom Chef reflektiert berufliche Ängste. Der Arbeitgeber kann aber auch viele Aspekte von Vater und Mutter annehmen. Vom Arbeitgeber gekündigt zu werden, ohne dass es im Leben eine solche Gefahr gibt, erinnert an Zurückweisung durch die Eltern. Den Mut aufzubringen, nach einer Gehaltserhöhung zu fragen, bedeutet das Bedürfnis nach mehr elterlicher Aufmerksamkeit und Liebe. Ein freundlicher Chef reflektiert unsere Sehnsucht nach Zeiten, in denen jemand anderer für unser Wohlergehen Verantwortung übernahm. Sich selbst als Chef zu erleben bedeutet den Wunsch nach einer dominanten Rolle in einer sexuellen Beziehung.

SIEHE AUCH
235:
**Unfähigkeit zu
verstehen** S.51,
**Vertraute
Fremde** S.30,
**Ungewöhnliche
Umgebung**
S.21

235 FREMDE

Jemand, der eine unverständliche fremde Sprache spricht, repräsentiert einen Teil unseres Selbst, den wir nicht voll verstehen oder akzeptieren. Der Traum spiegelt auch das Gefühl vergeblicher, schwieriger Kommunikation mit einer nahe stehenden Person wider.

GESUNDHEIT

236 KRANKHEIT

Jede Traum-Krankheit hat ihre spezielle Symbolik. Atmungsprobleme deuten auf unterdrückte Ausdrucksmöglichkeit oder allgemeine Ängste – im Beruf, über eine zerrüttete Ehe oder eine schwierige Begegnung. Erinnerungen an Kinderkrankheiten wie Windpocken oder Masern sind Ausdruck des Verlangens nach der bedingungslosen Liebe der elterlichen Umarmung.

237 UND 238 HAUTPROBLEME

In der Bibel sind **Geschwüre (237)** die sechste Plage der zehn ägyptischen Plagen, mit denen Gott den Pharao zwang, die Hebräer ziehen zu lassen; bei religiösen Träumenden, die diese Geschichte kennen, bedeuten die Beulen Schuldgefühle wegen ihres Verhaltens im Wachzustand.

Eine Beule an Fuß oder Finger oder an einem anderen Körperteil mit phallischer Symbolik bedeutet sexuelle Ängste. Die Haut ist das Symbol für unser Auftreten in der Öffentlichkeit und **Ausschläge (238)** gelten als deutliche Zeichen psychosomatischer Störungen. Ein Hautausschlag bedeutet unsere Unfähigkeit, der Welt mit Vertrauen zu begegnen.

239 KRÜPPEL

Ein Krüppel steht für den Archetypus des Betrügers (siehe S. 15), der die Ansprüche des Egos des Träumers verhöhnt. Jung sieht in einer verkrüppelten Frau ein Todessymbol der verschlingenden Mutter und der Wiedergeburt. Für Freud bedeutet ein Krüppel Impotenzangst.

Ein **Hinkender (240)** ist eine Warnung des Unbewussten vor maßlosem Ehrgeiz, der eher Erniedrigung als Erfolg in sich birgt – wie beim griechischen Helden Bellerophon, der zum Krüppel wurde und in Ungnade fiel, als sein Pferd Pegasus ihn wegen seiner Anmaßung, zu den Göttern fliegen zu wollen, zur Erde schleuderte

241 WUNDEN

Tiefe, von einem Messer zugefügte Fleischwunden symbolisieren die weiblichen Genitalien. Bei Männern wie bei Frauen bedeutet dieser Traum Angst vor sexueller Aggression.

242 BLINDHEIT

SIEHE AUCH
240: **Preise**
S.25;
241: **Messer**
S.47;
242: **Augen**
S.66

Blindheit im Traum drückt Barrieren gegenüber spiritueller Erleuchtung oder Realitätsverweigerung aus. Nach Freud bedeutet Erblindung beim Mann Kastrationsangst. Im griechischen Mythos tötet Ödipus unwissentlich seinen Vater und heiratet seine Mutter; als er die Wahrheit erkennt, blendet er sich selbst – für Freud ein Akt symbolischer Selbstkastration.

243 OHNMACHT

Ohnmacht im Traum wird nach Jung auf eine Vision des Göttlichen oder auf plötzliches Erkennen der Motive hinter persönlichen Ambitionen zurückgeführt. Freud verbindet Ohnmacht mit Orgasmus.

244 KRANKENHAUS

Wer im Traum im Krankenhaus liegt, fürchtet sich davor, krank zu werden. Vielleicht wollen wir auch die Verantwortung für Teile unseres Lebens auf jemand anderen abwälzen. **Krankensäle (245)** mit endlosen Bettenreihen deuten auf die Angst hin, verlassen zu werden, etwa in Krisenzeiten eines Trauerfalls, einer Scheidung oder Arbeitslosigkeit.

246 OPERATION

Eine Traum-Operation verrät unseren Willen, mit alten Haltungen und Denkweisen zu brechen, die unsere psychische Gesundheit beeinträchtigen.

247 MEDIZIN

Eine Medizin, die von einem Arzt, einer Autoritätsperson, verabreicht wird, deutet auf unsere Abhängigkeit von Lösungsvorschlägen anderer. Eine als Pille verschriebene Medizin weist auf eine Idee, die für uns nur »schwer zu schlucken« ist.

248 INJEKTION

Von einer Nadel gestochen zu werden, symbolisiert den Liebesakt. Der Gedanke an eine Impfung bedeutet, dass wir uns vor aufdringlichen Absichten und unerwünschten Zwängen schützen wollen. Narkose bedeutet den Wunsch, emotionale Schmerzen abzutöten.

249 KOPFSCHMERZEN

Wenn wir an einem Problem nagen, bereitet uns das »Kopfschmerzen«, der Kopf steht für eine Autoritätsperson, etwa den Vater. Traum-Kopfschmerzen deuten auf ungelöste Probleme in der Beziehung zu jemandem, der für unser Leben eine zentrale und einflussreiche Rolle spielt.

250 NARBEN

Narben sind die schmerzlichen Erinnerungen an traumatische Erlebnisse. Sie sind eine Aufforderung, den Wurzeln unseres anhaltenden Schmerzes endlich auf den Grund zu gehen.

251 KNOCHENBRÜCHE

Knochenbrüche enthüllen unsere Unsicherheit. Ein Gipsverband am Bein, der unsere Beweglichkeit einschränkt, deutet auf die Weigerung, uns den Problemen zu stellen, die unsere Entwicklung behindern.

SIEHE AUCH
249: **Kopf**
S.67

252 IM KRANKENHAUS ARBEITEN

Wenn wir im Traum als Krankenschwester oder Arzt erscheinen, heißt das, dass wir einen Lebensbereich mehr als bisher in die Hand nehmen wollen. Vielleicht wollen wir auch eine berufliche Situation kontrollieren, in der sich unsere Vorgesetzten bisher als kompetent erwiesen hatten.

253 GEWICHTSVERLUST ODER -ZUNAHME

Gewichtsverlust deutet auf die am Träumenden zehrenden Auswirkungen des Besitz ergreifenden und fordernden Verhaltens von Familie und Freunden. Der Träumende aber, der zunimmt, zeigt gesteigertes Bedürfnis nach Anerkennung und den kindlichen Wunsch nach sofortigem Lob.

KÖRPERFUNKTIONEN

254 TOILETTENTRÄUME

Exkretion und andere Toilettenträume werden von Freud mit der »analen« Phase der psychischen Entwicklung des Kindes assoziiert. Freud sieht in Fehlern der Eltern bei unserem Toilettentraining die Ursache für unsere erwachsene Scham diesen natürlichen Funktionen gegenüber und für emotionale Hemmungen im Allgemeinen. Wir sind, wie er sagte, »anal fixiert«.

Exkretion symbolisiert auch künstlerischen Ausdruck und Kreativität; Verstopfung steht daher für Geiz und angestaute Wut oder sexuelle Frustration. Jungianer sehen in Exkretionsträumen ein Zeichen für Angst in der Öffentlichkeit oder (wie Freud) ein Ausdrucksbedürfnis.

255 WASCHEN UND BADEN

Energische Körperreinigung steht für unser zwanghaftes Bedürfnis, etwas los zu werden, das wir als beschämend und unmoralisch betrachten – oft als Fleck symbolisiert, der nicht verschwinden will. Ein entspannendes warmes Bad drückt den Wunsch nach Rückkehr in den Mutterleib aus.

SIEHE AUCH

255: **Wasser** S.284; 256: **Wasserfall** S.312

256 DUSCHEN

Die Dusche bedeutet für Jungianer einen Akt der Verjüngung und Reinigung vor dem Eintritt in ein neues Lebensstadium oder in eine neue Bewusstseinsebene. Ein Traum von einer **Haarwäsche (257)** bedeutet, dass wir einen Partner, Freund oder Kollegen loswerden wollen.

258 HANDTUCH

Den Körper mit einem Handtuch zu frottieren, kann ein Masturbationssymbol sein, das sexuelle Frustration ausdrückt. Schuldgefühle treten bei Masturbationsträumen auf, wenn Eltern mit unserer jugendlichen Sexualität eher mit Verlegenheit als mit Einfühlungsvermögen umgingen.

259 MANGELNDE UNGESTÖRTHEIT

Der Traum, beim Baden oder auf der Toilette öffentlichen Blicken ausgesetzt zu sein, deutet auf unsere Angst, »ertappt« zu werden – eine verbreitete Neurose, gleich ob wir etwas Unerfreuliches zu verbergen haben oder nicht. Nach Freud kann der Träumende auch frustriert sein, weil er seine Kreativität nicht entfalten kann. Der Traum von den öffentlich einsehbaren Toilettenaktivitäten kann aber auch die Verärgerung über mangelnde öffentliche Anerkennung der eigenen Kreativität bedeuten.

SIEHE AUCH

257: **Haar**
S.65; 259:
Nacktheit
S.73

STERBLICHKEIT

260 TRAUERFEIER

Der Traum von einer Trauerfeier bedeutet ernstes Nachdenken, nicht über den Tod, sondern über einen Abschluss, wenn man den Job wechselt oder übersiedelt. Die Trauerfeier für einen noch Lebenden bedeutet das Bedauern über das Ende einer Beziehung oder den Wunsch danach.

261 BEERDIGUNG

Die Beerdigung bedeutet die unbewusste Unterdrückung von Wünschen oder Ängsten, oder das ersehnte Ende einer traumatischen Phase im Leben des Träumenden. Jemanden lebendig zu begraben, drückt Feindseligkeit aus, nicht unbedingt den Wunsch nach seinem Tod. Lebendig begraben zu werden deutet auf Klaustrophobiegefühle.

262 SARG

Als offener Behälter ist der Sarg für Freudianer ein – düsteres – Symbol weiblicher Sexualität. Im Sarg zu liegen, bedeutet Todesfurcht, aber auch das Gefühl, dass das alte Leben vergeht und ein neuer aufregender Abschnitt beginnt.

263 UND 264 GRAB/GRUFT

Das offene, leere **Grab (263)** ist eine Aufforderung, unsere aktuellen, unbefriedigenden Ziele aufzugeben und einen neuen Weg zu beginnen.

Jungianer verbinden die **monumentale Gruft (264)** mit der Großen Mutter (siehe S. 17), die uns mit ihrem Busen umfängt. Die Gruft wird so zum Ort der Sicherheit, des Wachstums und der Wiedergeburt, und zeigt, dass es Zeit ist, sich vom Materiellen zum Spirituellen zu wenden.

265 TODESSYMBOLE

Auf alten Grabsteinen findet man oft Totenschädel, Skelette, den Sensenmann oder ein Stundenglas eingraviert. Im Traum erinnern uns diese Bilder an die begrenzte Zeit für unsere Selbstverwirklichung. Sie treten auch bei großem Termindruck auf.

266 FRIEDHOF

Friedhöfe haben in unseren Träumen nicht unbedingt mit Tod zu tun. Sie bedeuten auch Einheit der Familie, den Ort der glücklichen Vereinigung, die Kontinuität vergangener und gegenwärtiger Generationen, die Bekräftigung von Liebesverbindungen.

267 TODESANZEIGE

Oft erleben Träumende, dass sie in der Zeitung ihre eigene Todesanzeige lesen. Das bedeutet Angst vor Job- oder Popularitätsverlust. Die Todesanzeige eines anderen zu lesen deutet auf bisher unerkannte Feindseligkeit gegenüber dieser Person hin.

268 ERHÄNGEN

Durch Erhängen hingerichtet zu werden ist ein Freud'sches Symbol für Kastrationsangst, darüber hinaus ein Ausdruck allgemeiner Unsicherheit. Die **Guillotine (269)** ist ein noch deutlicheres Kastrationssymbol.

SIEHE AUCH
264: **Pyramide** S.339;
269: **Der enthauptete Geliebte** S.51

AKTIVITÄTEN UND SEINS- ZUSTÄNDE

GEFANGENSCHAFT UND FREIHEIT

270 UND 271 GEFANGENSCHAFT

Ein **Gefängnis (270)** steht für Glaubens- und Verhaltensmuster, die die persönliche Entwicklung des Träumenden behindern. Das kann von einschränkenden Denkweisen kommen, die wir von strengen, autoritären oder ängstlichen Eltern geerbt haben. Der Traum kann ein erster Schritt unserer Flucht aus dem mentalen Gefängnis solcher Denkmuster sein, indem wir beginnen, die Umstände zu untersuchen, die sie auslösen.

Der **Käfig (271)**, ein ähnliches Symbol psychischer Gefangenschaft, repräsentiert Frustration mit Familie, Ehe oder Beruf. Wenn wir im Traum mitten in der Menge gefangen sind, bedeutet das Minderwertigkeitsgefühle oder den Wunsch, mit sozialen Konventionen zu brechen.

SIEHE AUCH
270: **Gefängnisausbruch** S.115; 272: **Beherrschung** S.45; **Sadomasochistische Aktionen** S.45, **Peitsche** S.46

272 IN FESSELN ODER IN KETTEN

Der Gefesselte kann jemand sein, über den wir sexuelle oder berufliche Herrschaft ausüben wollen. Wenn wir selbst der Gefangene sind, ist das ein Rückgriff auf unsere Kindheit mit dominanten Eltern oder die Ablehnung einer unterdrückenden Autoritätsperson. Freud sah darin auch ein Element unterdrückter Sexualfantasien, den Wunsch nach Fesselung oder sadomasochistischem Sex.

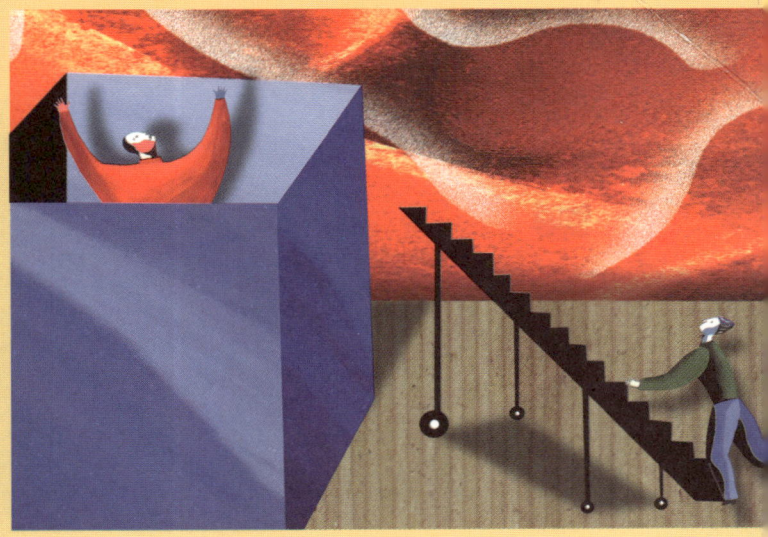

273 UND 274 BEFREIUNG

Aus Fesseln oder Ketten (273) auszubrechen, zeigt den Wunsch, aus einer Situation freizukommen, die Stress verursacht. Religiöse Menschen drücken darin ihre Schwierigkeiten mit den spirituellen und physischen Anforderungen ihres Glaubens aus: Es ist an der Zeit, eine weniger strenge Form der Frömmigkeit zu suchen. **Tiere freizulassen (274)** drückt das Bedürfnis nach Befreiung unserer kreativen Energien aus.

275 SCHLOSS UND SCHLÜSSEL

Das Schloss gilt als Symbol der weiblichen Sexualorgane, der passende Schlüssel ist ein Phallussymbol. Das Aufschließen einer Truhe im Traum deutet auf Sexualität als befreiende Erfahrung. Wenn die Truhe nicht aufgeht, weist das auf sexuelle Frustration des träumenden Singles, bei einer Partnerschaft bedeutet das Unzufriedenheit mit der sexuellen Seite der Beziehung.

276 FALLE

Tiere repräsentieren unsere ungezähmten kreativen oder destruktiven Energien. Eine tödliche Falle für Mäuse oder andere harmlose Tiere bedeutet, dass wir spüren, dass unsere kreativen Kräfte erstickt werden. Der Traum fordert uns auf, herauszufinden, was diese Kräfte hemmt, und was verändert werden muss, um ihnen wieder freien Lauf zu lassen. Das kann Veränderungen in der Umgebung oder im Beruf bedeuten, oder, dass wir mehr Zeit für unsere Kreativität einplanen müssen.

277 FREILASSUNG

Die Hochstimmung in einem Traum von der Entlassung aus dem Gefängnis reflektiert unsere positiven Empfindungen über neue Chancen im Leben – die Genesung von einer schweren Krankheit oder Anerkennung im Beruf. Wenn es keinen solchen Anlass gibt, bedeutet der Traum Angst vor den Herausforderungen totaler Freiheit.

Ein **Gefängnisausbruch (278)**, oft durch das Erklimmen einer hohen Mauer symbolisiert, deutet auf unsere Entschlossenheit, unsere Chancen wahrzunehmen und unseren allzu lange eingedämmten Emotionen und Talenten freien Lauf zu lassen. Manche Traumdeuter sehen darin aber auch die dunklere Symbolik des Sehnens nach letzter Befreiung – um dem Leben zu entkommen. Wenn man depressiv ist, könnte der Traum zeigen, dass es Zeit ist, professionelle Hilfe zu suchen.

279 ENTFÜHRUNG

Kidnapping drückt zunächst den Wunsch aus, andere zu beherrschen oder beherrscht zu werden, je nachdem, ob man als Entführer oder als Gefangener erscheint. Solche Bilder können eine Traumversion des »Stockholm-Syndroms« enthalten, bei dem die Opfer schließlich mit ihren Entführern sympathisieren. Wenn wir als Opfer das Erlebnis überraschend wenig erschreckend oder sogar amüsant finden, gibt das dem Traum eine sexuelle Note, besonders wenn der Entführer eine Person ist, die wir kennen.

SIEHE AUCH
277: **Gefangenschaft** S.112;
278: **Beherrschung** S.45; 279: **Gejagt werden** S.29; **Fesseln und Ketten sprengen** S.113

AUFSTIEG UND ABSTIEG

280 STUFEN UND TREPPEN

Die rhythmische Bewegung des Treppensteigens repräsentiert in Freud'scher Symbolik den Sexualakt. Eine lange, steile Treppe ist ein Phallussymbol, das Treppenhaus symbolisiert die weiblichen Genitalien. Modernere Interpretationen sehen im Aufsteigen den Ausdruck persönlichen Wachstums und emotionaler Reife. Hinabsteigen oder -fallen bedeutet Angst davor, »zu hoch zu steigen«, also unsere Fähigkeiten zu überschätzen.

Mit der Treppe verwandt ist die **Leiter (281)**, ein Jung'scher Archetypus für die Verbindung zwischen dem spirituellen und dem physischen Leben, ausgedrückt in der biblischen Erzählung von Jakobs Traum von den Engeln, die eine Leiter oder Treppe zwischen Himmel und Erde hinauf- und hinabsteigen. Eine Leiter kann die gleichen sexuellen Konnotationen haben wie die Treppe.

282 AUFZUG

Aufzug und Schacht teilen die sexuelle Symbolik von Zug und Tunnel. Die mühelose Fahrt im Aufzug, auf Knopfdruck, erinnert an das angenehme oder erschreckende Gefühl, ein gänzlich passiver Sexualpartner zu sein. Nach Jung bedeutet der Aufzug die Verbindung zwischen dem Bewussten und dem Unbewussten.

283 EINEN BERG BESTEIGEN

Berg, Hügel oder Klippe bedeuten ein Hindernis oder eine Schwierigkeit, das Klettern stellt die Anstrengung dar, es zu überwinden. Für Freud sind Berge und Hügel die Brüste und das Sehnen nach mütterlicher Umarmung. Jungianer betrachten Berge als spirituellen Ort, zu dem wir streben; das Klettern drückt die Anstrengung aus, solche Höhen zu erklimmen.

284 SCHWINDELGEFÜHL

Der Schwindel, jenes unbestimmte Benommenheitsgefühl, das wir erleben, wenn wir von hoch oben

SIEHE AUCH
280: **Fallen**
S.26; 282: **In Tunnel einfahrender Zug**
S.45

herabblicken, drückt Angst vor immer größer werdenden Anforderungen in Familie und Beruf aus. Der Traum soll uns veranlassen, uns selbst und denen, die uns helfen können – dem Chef oder dem Partner – realistisch und aufrichtig unseren Stress einzugestehen.

285 STOLPERN ODER STRAUCHELN

Stolpern kann eine Metapher für soziale Unbeholfenheit sein – vielleicht fürchten wir, von neuen Bekanntschaften oder wichtigen Kollegen »auf dem falschen Fuß erwischt zu werden«. Es kann auch ein Zeichen sein, dass unsere Selbstachtung gesteigert werden muss. Straucheln bedeutet auch, dass wir kopflastig sind und zu sehr auf unsere Fähigkeit vertrauen, emotionale und psychische Probleme intellektuell zu verarbeiten.

SIEHE AUCH

288: **Fallen** S.26, **Hängegleiter** S.120, **Heißluftballone** S.120, **Preise** S.25

286 GEFÄHRLICHER ABHANG

Vergeblich einen schlammigen Abhang besteigen zu wollen bedeutet, dass wir uns mehr zumuten, als wir bewältigen können – wir sind in Gefahr, unter der Belastung abzugleiten. Das ist auch eine Warnung davor, alles kontrollieren zu wollen. Bei unseren Plänen sollten wir auch die Ansichten der anderen berücksichtigen.

FLIEGEN UND SCHWEBEN

287 FLIEGEN OHNE HILFE

Durch die Lüfte zu fliegen bringt ein Gefühl von Leichtigkeit und Hochstimmung. Frei von den Sorgen der materiellen Welt befindet sich der Träumende auf einer höheren spirituellen Ebene, eins mit dem Universum. Manche erleben in solchen Träumen das Gefühl, die eigene Unsterblichkeit zu verspüren. Fliegen bedeutet auch, dass wir uns emotional orientieren und uns über viele Aspekte unseres Lebens einen Überblick verschaffen müssen.

288 AM HIMMEL SCHWEBEN

Am Himmel schweben und auf die Erde herabblicken bedeutet Optimismus und Erfolgsgewissheit – die Welt liegt uns zu Füßen. Der Traum stellt aber Unmögliches dar und ist daher eine Warnung des Unbewussten vor übertriebenem Ehrgeiz, vielleicht die geheime Erkenntnis, dass wir gesellschaftlich oder beruflich zu viel zu schnell erreichen wollen – »Wer hoch hinaufsteigt, fällt tief hinunter« sagt das Sprichwort. Der Traum warnt uns vor einem »Absturz«.

289 FALLSCHIRM

Der Fallschirm, der sich öffnet, während wir fallen, drückt unsere Erleichterung nach einem gefahrvollen Ereignis aus, nach einer Operation oder einem Autounfall. Er hilft uns sicher zu fallen, aber nicht zu fliegen.

Das kann ein Hinweis unseres Unbewussten sein, dass wir uns beizeiten nach einer »Absprungmöglichkeit« umsehen sollten, um mit Anstand einer verworrenen Gefühlssituation zu entkommen, in der wir uns, wenn wir ehrlich sind, nicht wirklich wohl fühlen.

290 FLUGZEUG

Das Flugzeug symbolisiert den Wunsch zu reisen oder etwas Aufregendes zu erleben. Nach Freud gehört das Flugzeug zu den Phallussymbolen, oft in Zusammenhang mit einem neuen sexuellen Abenteuer.

Träume von einer **Flugzeugentführung (291)** drücken Flugangst aus; sie bedeuten aber besonders bei Frauen auch die Angst vor Vergewaltigung.

SIEHE AUCH
291: **Flugzeug-absturz** S.44;
292: **Am Himmel schweben** S.119; 293:
Fliegen ohne Hilfe S.119

Heißluftballone (292) sind verbreitete Symbole für die Fantasie, sich über die eintönigen weltlichen Sorgen zu erheben. Wir suchen neue Perspektiven in unserem Leben, die Flamme, die die Luft erhitzt, symbolisiert unsere Begeisterung und unseren Schwung. Sie muss sorgsam beobachtet werden, wenn sie nämlich ausgeht, gerät die ganze Unternehmung in Gefahr.

Auch der Flug mit dem **Hängegleiter (293)** vermittelt die Begeisterung des Fliegens ohne Hilfe,

aber mit einem signifikanten Unterschied: Man startet von einem Berg oder einer Klippe, einem Freud'schen Symbol des Sexualakts – das erklärt die damit verbundene Freude.

294 UNTAUGLICHES FLUGGERÄT

Wenn wir in einem Bett oder Lehnstuhl fliegen, möchten wir Abenteuer erleben, die nicht zu radikal mit unserer Routine und den gewohnten Genüssen brechen. Fliegen mit dem Fahrrad erinnert an das schon fast volkstümliche Bild von Steven Spielbergs freundlichem Außerirdischen im Film E.T., der zu seinem Planeten zurückradelt – ein Symbol für unsere eigene Sehnsucht nach der Heimat.

295 DRACHENFLIEGEN

Der Drachen symbolisiert unbändiges Freiheitsstreben, der Träumende lässt vielleicht gerade alte Zwänge hinter sich oder beginnt einen neuen aufregenden Lebensabschnitt. Wie beim Drachenfliegen können wir die Freiheit am besten genießen, wenn wir mit den

Füßen fest am Boden bleiben, und mit einem Auge das praktische Leben beobachten. Der Drachen kann auch einen ehrgeizigen aber riskanten Plan symbolisieren, den wir voller Ungewissheit verfolgen.

REISE
UND BEWEGUNG

296 AUF REISE GEHEN

Begleitet vom Rhythmus einer imaginären Bewegung repräsentiert in Freud'scher Sicht der Traum, eine Reise zu machen, den Wunsch nach dem Sexualakt. Jung sieht im Reisen das Vorankommen zum beruflichen oder spirituellen Ziel. Modernere Zugänge sehen darin den Wunsch nach Veränderung in bestimmten Lebensbereichen, den Wunsch »weiterzukommen«.

Nach Jung deutet eine **Reise nach Westen (297)** – in Richtung Sonnenuntergang – auf das nahende Alter oder den Tod.

Die **Reise nach Osten (298)** bedeutet hingegen Verjüngung.

SIEHE AUCH
294:
Absurditäten
S.350;
296: **Weg**
S.133, **Straße**
S.133

299 ABREISE

Der Aufbruch zur Reise bedeutet, dass der Träumende zur Suche nach dem Sinn seiner Existenz aufbricht. Ein verbreiteter Todestraum wird mit **gepackten Koffern (300)** assoziiert. Wenn man das Gepäck nicht fortschaffen lassen will, bedeutet das, den Tod abwehren zu wollen. Das auf dem Bahnsteig gebliebene Gepäck bedeutet, dass man bereit ist, die Dinge des Lebens gehen zu lassen und in eine neue Phase der Existenz einzutreten.

301 BAHNFAHRT

Die Interpretation einer Bahnreise bezieht sich auf die vorgegebene Gleisstrecke. Wie bei der Fahrt mit der **Straßenbahn (302)** haben wir das Gefühl, unser Schicksal nicht mehr steuern zu können, wir sind von anderen zu sehr abhängig. Das regelmäßige Keuchen und Stoßen einer alten Dampflokomotive ist ein Freud'sches Symbol für den Sexualakt; genauso der in den Tunnel einfahrende Zug. Ein **entgleister Zug (303)** ist eine verborgene Wohltat. Was zunächst wie ein Bild zerstörter Pläne und Hoffnungen aussieht, soll uns sagen, dass wir den Zug überhaupt nicht nehmen sollen – wir sollten nicht unbedingt so weitergehen wie geplant. Wir sollten lieber der offenen Straße folgen und die Freiheit unseres eigenen Weges zur Selbstverwirklichung genießen.

304 FLUGHAFEN

Als Abflugpunkt spielt der Flughafen eine symbolische Rolle in Träumen von spiritueller Suche. Der Lärm und die Hektik deuten auf den Stress, den wir glücklich hinter uns lassen. Dass wir vergebens nach bekannten Gesichtern suchen, die uns nachblicken, heißt, dass wir einiges aus dem bisherigen Leben vermissen werden.

305 AUTOFAHRT

Freud betrachtete eine gemütliche Autofahrt als Zeichen der Zufriedenheit des Patienten mit dem Fortschritt seiner Psychoanalyse. Eine holprige Straße deutet auf Schwierigkeiten mit weniger angenehmen Enthüllungen des Unterbewusstseins.

Ein **Taxi (306)** nehmen symbolisiert unsere Tendenz, auch im Leben lieber hinten zu sitzen und andere fahren zu lassen, statt uns selbst zu bemühen. Selbst das Taxi zu lenken, drückt den Willen aus, andere auf ihrer persönlichen Reise zu führen.

SIEHE AUCH

299: **Fliehender Geliebter** S.56;

301: **In Tunnel einfahrender Zug** S.45;

303: **Stehender Zug** S.54;

304: **Flugzeug** S.120; 305: **Auto außer Kontrolle** S.23

307 SEEREISE

Für Jungianer ist eine Seereise die Erforschung der Tiefen Wasser des Unbewussten. Diese Interpretation wird im archetypischen Bild der biblischen Reise Jonahs verkörpert, die im Bauch des Wals endete: Jonah wurde erst frei, als er den Auftrag Gottes annahm. Jungianer würden sagen, wir sollten die Botschaften unseres Unbewussten annehmen, statt ihnen zu entfliehen. Da nach Freud das Meer primäres Symbol der Mutter, speziell der Gebärmutter ist, kann die Seereise auch einen Inzestwunsch ausdrücken.

308 SCHIFF

Freudianer sehen im Schiff ein Phallussymbol – die Größe des Schiffs zeigt, wie sehr uns Sexualität beschäftigt. Ein in rauer See schwankendes Schiff deutet auf eine turbulente Phase in der Sexualität des Träumenden. Ein **sinkendes Schiff (309)** symbolisiert eine verlorene Liebe.

Die **Fähre (310)** ist das archetypische Schiff, das mit dem Übergang von einem Bewusstseinszustand in den anderen assoziiert wird, wodurch wir vielleicht zu einer schärferen Sicht der persönlichen Wahrheit kommen. Der Fährmann, den man für seine Dienste bezahlen muss, symbolisiert den archetypischen Weisen (siehe S. 15), der den Träumenden leitet und seine Aufmerksamkeit steuert.

SIEHE AUCH
307: **Wale**
S.328

311 DOCKS

Docks sind der willkommene Hafen für eine erholsame Pause nach einem schwierigen Lebensabschnitt. Da aber Reiseträume öfter die Abreise und die Reise selbst (unsere Vergangenheit und Gegenwart) darstellen als das Ende der Reise (unsere unsichere Zukunft), bedeuten Docks den sicheren Boden, den wir hinter uns lassen, wenn wir eine Reise durch unerforschte Meere der Selbstendeckung beginnen. Gewöhnlich spielt bei solchen Träumen Angst mit.

312 FLUSSÜBERQUERUNG

In der griechischen Mythologie verbinden die fünf Flüsse Acheron, Styx, Cocytus, Lethe und Phlegethon die Reiche der Lebenden und der Toten. Träume von einer Flussüberquerung werden daher oft mit dem Tod assoziiert – oder mit einer Reise in die dunklen Regionen des Unbewussten.

313 RUDERBOOT ODER KANU

Die physische Anstrengung des Ruderns oder Paddelns betont die Anforderungen unserer persönlichen Reise zur Erforschung des Unbe-

wussten. Für Freudianer sind die Boote Phallussymbole – das Rudern und Paddeln bedeutet dann Masturbation.

314 PFERDEFUHRWERK

Das altmodische Bild von Pferd und Wagen bedeutet, dass wir uns lieber beladen mit altem emotionalen Gepäck durchs Leben schleppen, als mithilfe moderner Ansätze wie der Psychoanalyse nach Fortschritten für unsere persönliche Entwicklung zu suchen. Oft werden diese Fuhrwerke von unkontrolliert galoppierenden Pferden gezogen, das bedeutet die Unfähigkeit, unser Schicksal zu kontrollieren.

315 BUS

Nach Jung bedeutet Busfahren oder ein anderes öffentliches Transportmittel zu benutzen, dass der Träumende zu konformistisch ist. Ein Bus-Traum fordert uns zu eigenständigerem Denken auf.

316 MOTORRAD

Das Motorrad ist ein starkes und oft erfreuliches Symbol persönlicher Autonomie. In Jung'scher Sicht ist jeder, der vom Motorradfahren träumt, entschlossen, sein Schicksal zu bestimmen. So wie das Fahrrad symbolisiert auch das zweirädrige Motorrad

SIEHE AUCH
316:
Radfahren S.45

die erforderliche Balance für Fortschritte zwischen bewussten Zielen und tieferen Impulsen des Unbewussten. Die Geschwindigkeit des Motorrads betont noch stärker den Wunsch nach Unabhängigkeit.

Aus der Sicht Freuds wird die Sexualsymbolik des Radfahrens im Fall des Motorrads noch deutlicher hervorgehoben.

317 RAD

Ein Rad im Traum bedeutet einen kraftvollen Aufruf zu handeln. Für Jungianer symbolisiert das Rad die Sonne, die Libido als psychische Lebenskraft. Jung sah die Speichen des Rads als mächtiges phallisches Symbol, betrachtete diese Sexualität aber als Ausdruck der gesamten kreativen Energien des Individuums. Für Buddhisten und Hindus repräsentiert das Speichenrad universelle Wahrheit und Gerechtigkeit (für Buddhisten in den Lehren Buddhas verkörpert).

SIEHE AUCH

317: **Der Buddha** S.58,
Kreis S.338,
Ring S.84,
Null S.332

318 KREUZUNG

Wegkreuzungen sind starke Traumbilder, die die Zeit für wichtige Entscheidungen angeben – neuer Partner, neuer Beruf, neuer philosophischer Zugang zum Leben. Entscheidungen an Kreuzungen bringen auch Zurückweisungen mit sich, der Traum zeigt daher auch Bilder von dem Weg, den wir nicht

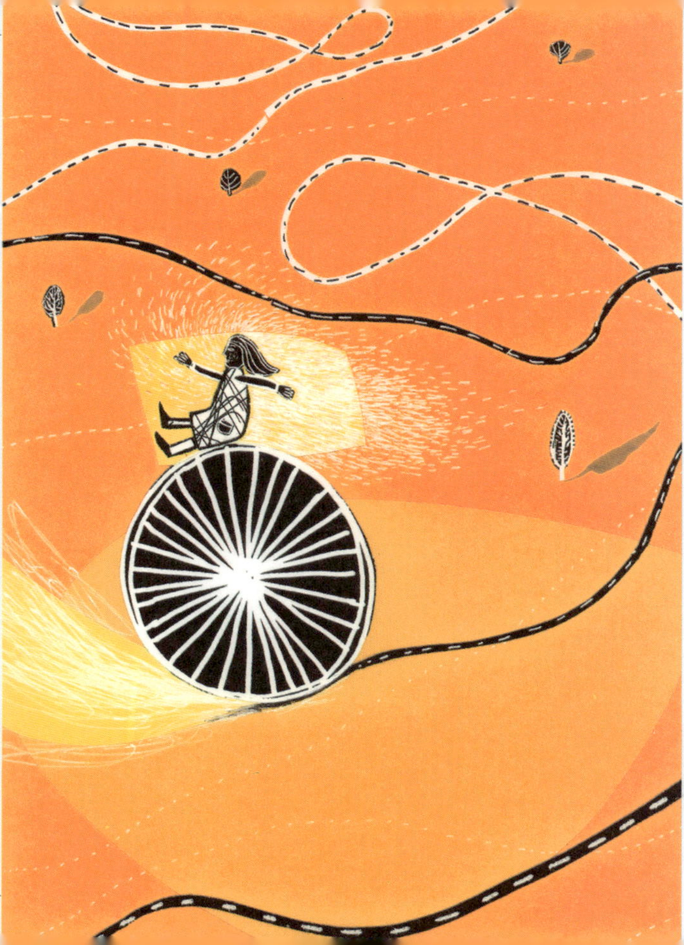

gehen: ein zurückgelassener Freund oder eine verlassene
Kirche als Symbol religiöser Enttäuschung.

319 DICHTER VERKEHR

Eine geschäftige Menge oder ein Verkehrsstau im Traum bedeuten Frustration oder Behinderungen am Weg zu einem bestimmten Ziel. Stadtbewohner können die Last des stressigen urbanen Lebens fühlen.

SIEHE AUCH
320: **Wald**
S.294;
321: **Beine** S.70;
322: **Auf einen
Berg steigen**
S.117;
323:
Zugentgleisung
S.124,
Kreuzungen
S.130,
Brücke S.21

320 SPAZIERGANG

Wer vom Gehen träumt, sieht sich selbst in Philosophierlaune, der Spaziergänger ist ja das klassische Symbol des einsamen Denkers. Die umgebende Landschaft kann Hinweise auf die den Träumenden bewegende Fragen geben.

321 LAUFEN

Laufen bedeutet Ungeduld beim Erreichen eines Ziels. Laufträume symbolisieren auch eine Haltung zur Gesellschaft im Allgemeinen, entweder den Wunsch, anderen zu gefallen, oder ihrer Gesellschaft zu entfliehen, je nachdem, ob wir auf sie zu- oder von ihnen weglaufen.

322 WEG

Ein Weg bedeutet, dass wir über die Richtung unseres Lebens nachdenken. Ein steiniger Weg bedeutet Hindernisse am Weg der Selbsterkenntnis oder Selbstverwirklichung. Ein plötzlich ansteigender Weg deutet nach Freud auf den Wunsch nach Sexualverkehr.

323 STRASSE

Die offene Straße ist ein Freiheitssymbol. Eine enge Straße betont die moralischen Zwänge der Reise. Träume von einer Reise auf einer Autobahn drücken den Wunsch aus, schnell zu größerer Selbsterkenntnis oder spiritueller Erleuchtung zu kommen – besonders, wenn es sich um eine Hochstraße handelt. Eine Abzweigung spiegelt unsere Schwierigkeiten vor einer wichtigen Entscheidung.

324 TREIDELWEG

Auf einem Treidelweg an einem Kanal oder einer anderen Wasserstraße kann ein Pferd oder sogar der Träumende einen Kahn ziehen. Das zeigt, dass wir den Eindruck haben, dass unsere Lebensreise durch die schwere Last beunruhigender Emotionen verlangsamt wird, symbolisiert durch den Kahn – der selbst ein Sexualsymbol sein kann.

325 STAUB

Den Staub von unseren Schuhen schütteln symbolisiert einen Bruch mit der Vergangenheit – sei es zu Hause, im Beruf, in der Familie oder bei Freunden. Staub ist ein Symbol für die Erde, aus der wir nach jüdischer und christlicher Tradition geschaffen wurden und zu der wir alle zurückkehren. Auf der Straße staubig zu werden spiegelt unser Grübeln über Sterblichkeit und das nahende Alter.

SIEHE AUCH
326: **Pferde-rennen** S.174;
327: **Ertrinken** S.27, **Meer** S.284, **Wasser** S.284

326 REITEN

Das als vergnüglich und beruhigend angesehene Reiten bezieht sich auf einen langsameren Lebensrhythmus in Einklang mit der Natur, es ist ein Ausdruck für unseren Wunsch, das Leben leichter zu nehmen. Im wilden Galopp reiten weist auf Kampfgeist, besonders wenn wir im Traum ein Rennen machen. Vom Pferd fallen oder abgeworfen werden, ist Ausdruck unserer Angst, mit einer Aufgabe oder einer Person nicht fertig zu werden.

Für Freud sind das Reiten und die rhythmische Bewegung in Reiterträumen ein eindeutiger Ausdruck des Geschlechtsverkehrs. Der Galopp drückt leidenschaftliche erotische Erregung aus, der Trab bedeutet sanfteres Sexualvergnügen.

327 SCHWIMMEN

Schwimmen wird als Symbol der Geburt interpretiert, als Ausdruck des Wunschs, in das Wasser des Mutterleibs zurückzukehren. Für Jung bedeutet der Traum vom Schwimmen zum Land die Wiedergeburt. Schwimmen gegen den Strom bedeutet persönlichen Kampf. Wenn wir im Meer schwimmen (ein mächtiges männliches Symbol), hat der Traum sexuellen Bezug.

ESSEN UND NAHRUNG

328 ESSEN

Schon vor Freud wurden Träume vom Essen mit Sexualität assoziiert. Das Vergnügen des Verspeisens bestimmter Früchte, Gemüse oder Fische wird in Kulturen auf der ganzen Welt mit sexuellen Begriffen ausgedrückt. Freud verbindet diese Sexualität mit der kindlichen Entdeckung des Mundes als erster »erogener Zone«. Kinder drücken ihre wachsende Sexualität mit der Begierde aus, alles zu essen, was sie in die Hand bekommen. Ähnliche Gier in den Träumen Erwachsener hat mit dem Wunsch nach sexueller Befriedigung zu tun.

329 FLEISCH

In Jäger- und Sammlerkulturen symbolisierte das Fleisch Energie, Stärke und andere Qualitäten des toten Tiers oder Feindes. Heute symbolisiert das Fleischessen im Traum unsere se-

xuelle Seite – unsere unterdrückten, unbewussten Bedürfnisse nach fleischlichen Aktivitäten – nach der Lust des »Fleisches«.

330 INNEREIEN

Eingeweide und Gedärme, die öfter weggeworfen als gegessen werden, sind Ausdruck innerer Bedürfnisse, die das Bewusstsein abstoßend findet. Der Kontext, in dem sie erscheinen, reflektiert »aus dem Bauch heraus« unseren Eindruck von Ideen, die uns vorgelegt werden.

331 SCHINKEN ODER SPECK

Schinken und Speck beschwören viele Erinnerungen an vertraute Familienmahlzeiten herauf und sind somit ein starkes Symbol der Sehnsucht nach der Geborgenheit der Kindheit. Für Juden und Muslime sind das verbotene Speisen, sie bedeuten daher für sie das Nicht-Dazugehören oder Missvergnügen und Abscheu, vielleicht auch das Bedürf-

nis, gegen kulturelle Konventionen zu rebellieren.

Als umgangssprachliche Bezeichnung für Schenkel kann »Schinken« auch den Wunsch nach Sexualverkehr bedeuten.

332 FISCH

Für Jung bezieht sich der Fisch auf das ungeborene Kind »weil das Kind vor seiner Geburt wie ein Fisch im Wasser lebt«. Der Fisch bedeutet also die Lebenskraft, mit der der Träumende in Kontakt kommen will. Freud sieht Fische als Genitalsymbol. Er interpretiert den sexuellen Bezug des Traum-Fischs unterschiedlich, je nachdem, ob er geöffnet, gegessen oder nur betrachtet wird. Das **Fischen (333)** bedeutet das Erforschen des Unbewussten, aber mit festem Boden unter den Füßen.

Aale (334) sind wegen ihrer Gestalt Freud'sche Phallussymbole. Unsere sexuelle Offenheit oder Gehemmtheit drückt sich in der Freude oder Abscheu über diese Tiere aus.

335 AUSTERN

Assoziiert mit der Per-
le, die sie manchmal
umschließen, gelten
Austern für Jungianer als

Traumsymbol der Reinheit und Bescheidenheit. Für Freudianer symbolisieren Austern, mit oder ohne Perlen, die weiblichen Genitalien in einer besonders sinnlichen Form.

336 GEMÜSE

Ein verbreitetes Traumbild zeigt eine Vielfalt von Gemüse in großer Fülle und drückt unseren Wunsch aus, die guten, bekömmlichen Gaben der Natur zu genießen. Träume von der Sehnsucht nach Überfluss bedeuten aber auch Angst vor Mangel an Geld und Wohlstand.

337 GURKE

Eine Traum-Zigarre ist manchmal nur eine Zigarre, wie Freud sagte, aber er wäre der Meinung gewesen, dass eine Gurke nur selten eine Gurke ist. Die Größe des Gemüses bietet erstaunliche Einblicke in das Ausmaß unseres libidinösen Appetits.

338 OBST

Obst in großer Fülle ist ein archetypisches Fruchtbarkeitssymbol. Bei tieferer Betrachtung bedeutet Obst Erfüllung und Lohn der Kreativität oder vielleicht den Wunsch schwanger zu werden.

SIEHE AUCH
332: **Schwimmen** S.135, **Meer** S.284; 335: **Perlen** S.83; 337: **Zigarre** S.48; 338: **Füllhorn** S.49

339 SPAGHETTI

Spaghetti sind ein reichhaltiges erotisches Symbol für männliche und weibliche Genitalien oder für Schamhaar. Träumende suhlen sich in Pasta oder entdecken, dass ihr langes Haar zu Spaghetti wurde. Diese Träume drücken das Bedürfnis nach Befriedigung der Libido aus.

340 APFEL

Von den Hebräern und aus anderen alten Sagen hat der Apfel reiche spirituelle und körperliche Symbolik. Als verbotene Frucht, durch die Adam und Eva Selbsterkenntnis gewannen und aus dem Paradies vertrieben wurden, symbolisiert der Apfel die Sehnsucht nach verlorener Unschuld. **Äpfel stehlen (341)** drückt den Wunsch nach einer unerlaubten sexuellen Beziehung aus, ehebrecherisch oder inzestuös.

Der **Apfelkuchen (342)** als populäres Bild für Mütterlichkeit und heimelige Geborgenheit, beschwört den Wunsch nach der Sicherheit der Kindheit herauf. Alte Rivalitäten brechen hervor, wenn wir ein kleineres Stück vom Kuchen bekommen als unsere Geschwister.

SIEHE AUCH
340: **Garten**
Eden S.32

343 TRAUBEN

Trauben sind das reinste Symbol sinnlichen Vergnügens. Sie sind das Obst, das mit dem Geliebten geteilt und dem anderen im erotischen Spiel in den

Mund geschoben wird. Sie bedeuten das orale und taktile Vergnügen der Sexualität. Saure Trauben bedeuten Abscheu und Abneigung.

Der **Wein (344)**, der seine Existenz den Trauben verdankt, ist das Traumsymbol des freien Geistes – das Gefühl der Berauschung erhebt uns über unsere weltliche Existenz. Rotwein ist ein Symbol des Bluts, der Kraft des Lebens; für Christen kann es das Blut Christi bedeuten.

345 FEIGEN

Feigen gelten wegen des Aussehens der geöffneten Frucht als weibliches Sexualsymbol. In manchen Gesellschaften symbolisieren sie aber auch die Hoden. Die köstliche Frucht voller Samen wird als Fruchtbarkeitssymbol mit unserer Libido assoziiert. Nach biblischer Überlieferung verwendeten Adam und Eva Feigenblätter als Schutz für ihr neu entdecktes Schamgefühl.

346 PFIRSICHE

Saftige Pfirsiche erscheinen in vielen Kulturen meist als Symbol der Laszivität. In China aber sind sie Symbol der Reinheit und Unsterblichkeit.

347 BANANEN

Im Traum eine Banane schälen hat beträchtliche erotische Bedeutung. Die Banane ist natürlich ein Phallussymbol. Buddha sieht die Banane als Symbol der Verletzlichkeit. Eine **Bananenschale (348)**, die auf dem Boden liegt, drückt unsere Zweifel über das Vorgehen bei einer Aufgabe oder Unternehmung aus.

349 CORNFLAKES

Eine moderne, von Marketing und Werbung aufgebaute Symbolik verknüpft Cornflakes und andere beliebte Frühstücksspeisen mit einem glücklichen, gesunden und geordneten Familienleben. Im Traum mit unseren Liebsten am Frühstückstisch zu sitzen, drückt den Wunsch nach besseren häuslichen Verhältnissen oder nach einem Leben mit traditionellen Familienwerten aus.

350 HAFERBREI ODER PORRIDGE

Diese Speisen sind mit der Behaglichkeit des Fütterns unserer frühen Lebensjahre verbunden – so wie im Kindermärchen vom Goldhaar und den drei Bären. Das Bild des klebrigen Haferbreis kann auch für emotionale Schwierigkeiten stehen.

SIEHE AUCH
350: **Moor oder Sumpf** S.308,
Treibsand S.308

351 BROT

Durch seine Identifikation mit Weizen, dem »Brot des Lebens«, und mit der nährenden Erde, ist Brot das traditionelle Symbol der Sexualität und Fruchtbarkeit. Die Form des Laibs kann die sexuelle Bedeutung beeinflussen: Runde Laibe bedeuten Schwangerschaft, ein französisches Baguette hat eine offensichtlich männliche Konnotation.

352 EIER

Eier sind ein universelles Symbol für Geburt und Schöpfung. Nach Freud assoziiert der männliche Träumer das Bild mit seiner Mutter und einem möglichen Inzestwunsch. Für Jung gibt es eine Assoziation mit spiritueller Geburt und Wiedergeburt und mit dem Entstehen neuen Potenzials in unserem Leben. Ein **zerbrochenes Ei (353)** deutet auf die Empfindlichkeit dieses Potenzials und auf die Notwendigkeit, es sorgsam zu behandeln.

SIEHE AUCH
351: **Die Erde**
S.374; 352: **Ein Ei finden** S.72;
354 und 357:
Tischgesellschaft S.150

354 TOAST

Für viele ist auch der Toast eine vertraute Speise und daher nostalgisches Symbol für das traute Heim und das Familienleben. **Verbrannter Toast (355)** gibt der Erinnerung einen leidvollen oder melancholischen Ton wegen einer zerbrochenen Familie.

356 KARTOFFELPÜREE

Auch das Kartoffelpüree ist so eine vertraute Speise, das Erinnerungen an eine harmonische Kindheit weckt, wenn es weich und köstlich ist. Klumpiges, geschmackloses oder versalzenes Kartoffelpüree wird mit Schulessen und Kindheits- und Jugendneurosen assoziiert.

357 LEBKUCHENHAUS ODER PLUMPUDDING

Das Traumbild vom Lebkuchenhaus oder vom Plumpudding ist untrennbar mit vergangenen Weihnachtsfesten verbunden. Es drückt die Sehnsucht nach den Festen der Kindheit aus.

358 MARMELADE

Das Traumsymbol der Marmelade muss nicht süß sein. Als rote Substanzen bedeuten Erdbeer- oder Himbeermarmelade Blut und können Wut, Furcht vor Gewalt oder sexuelle Ängste verbunden mit Menstruation oder Jungfernschaft ausdrücken. Marmelade symbolisiert auch eine unangenehme Situation, aus der wir nur schwer herauskommen.

359 UND 360 FASTEN UND SCHLEMMEN

In Freud'scher Traumdeutung wird der Akt des Essens als Befriedigung sexueller Bedürfnisse gesehen. **Fasten (359)** verwehrt uns diese Befriedigung und repräsentiert sexuelle Schuldgefühle.

Schlemmen (360) steht für intensive sexuelle Lust, hervorgerufen durch Entzugsgefühle. Essen ist auch ein Mittel der Zerstörung, Schlemmen kann daher Wut auf etwas oder jemanden bedeuten – besonders, wenn wir uns im Traum wie eine wilde Bestie aufführen, die alles wild zerreißt, was sie verschlingt.

361 BUTTER

Die einst für die Zubereitung von Opferspeisen verwendete Butter symbolisiert eine Quelle heiliger Energie. Butter wird auch mit Gebet assoziiert oder mit dem Verlangen, die Hilfe einer höheren Macht anzurufen.

362 TRINKEN

Jede Art von Flüssigkeit gilt als Symbol der »Lebenskraft«. Träume vom Trinken enthüllen den Wunsch, die Existenz zu verstehen. Träume von übermäßigem Trinken (bis man sich betrunken fühlt) bedeuten das Streben nach einer höheren Bewusstseinsebene.

SIEHE AUCH
362: **Wein**
S.142

363 UND 364 KAFFEE UND TEE

Kaffee (363) weist auf den Wunsch nach mehr Motivation in der Alltagsroutine. Die sozialen Aspekte des Kaffeetrinkens deuten auf den Wunsch nach engerem Kontakt mit Freunden. **Tee (364)** hat eine

häuslichere Bedeutung und zeigt unser Verlangen nach einer Pause vom Stress und nach einem geordneten Familienleben.

Der **Tee- oder Kaffeeautomat (365)** in einem Büro drückt den Wunsch aus, unsere Kollegen besser kennen zu lernen. Er kann auch mit dem sexuellen Verlangen nach einer bestimmten Person zu tun haben.

366 MILCH

Jungianer betonen die mütterliche Traumsymbolik von Milch, die Zärtlichkeit der Mutter und das Stillen, im physischen und psychischen

Sinn. Auch für Freudianer gibt es Assoziationen von Milch und der Mutter des Träumenden, besonders wenn das Trinken betont wird. So wie andere weiße oder blasse Flüssigkeiten – etwa **Sahne (367)** – gilt Milch als Symbol des männlichen Samens.

368 HOCHZEITSTORTE

Die Träumenden sehen sich als eine der beiden kleinen Figuren von Braut oder Bräutigam, die traditionellerweise auf der Hochzeitstorte stehen. Von der Torte herabblicken drückt Befriedigung über das Erreichte aus. Die Hochzeitstorte kann auch einen wichtigen Neubeginn im Leben darstellen und die gespannte Erwartung der Zukunft symbolisieren. Wenn wir aber von unten zur mehrstöckigen Hochzeitstorte aufblicken, bedeutet das die Anstrengung, die uns in einer ehelichen oder anderen Verpflichtung bevorsteht.

369 SALZ

Salz bewahrt vor Verderbnis und Fäulnis, es ist ein Symbol der Reinigung und des Schutzes. In Jung'scher Interpretation bedeutet Salz den Aufstieg zu einer höheren Wahrnehmungsebene. Wenn es wie Brot mit einem Gast geteilt wird, ist es Symbol der Zusammengehörigkeit und drückt den Wunsch

SIEHE AUCH
368:
Hochzeit
S.157

aus, wieder mit Verwandten oder Freunden zusammen zu sein, oder Kontakt mit Leuten zu bekommen, die uns bisher fremd waren. Salz verschütten soll Unglück bringen, im Traum drückt das die Angst aus, in Gesellschaft in Verlegenheit zu geraten.

370 TISCHGESELLSCHAFT

Ein fröhliches, geselliges Mahl im Kreise der Familie, von Freunden oder Kollegen, reflektiert Gefühle von Harmonie und Verstehen mit allen in der Gruppe Repräsentierten. Wenn es sich um die Familie handelt, bedeutet das vielleicht das Ende von lange währender Uneinigkeit und Ressentiments und die endlich gefundene Nähe und

Intimität. Mahlzeiten, bei denen es schweigend und kalt zugeht, deuten auf Kommunikationsunfähigkeit und Kontaktmangel.

371 PICKNICK
Ein Picknick im Grünen drückt den Wunsch nach einfacherem Leben aus. Wir sind frustriert über herkömmliche Formalitäten.

372 GEWÜRZSTÄNDER
Flaschen, die aufrecht in einem Gewürzständer stehen, deuten auf sexuelle Symbolik. Der Traum drückt den latenten Wunsch nach mehr Spannung und Würze in unserem Sexualleben aus.

URLAUB UND ENTSPANNUNG

373 URLAUBSREISE

Die Reise zu einem Ferienziel drückt Unzufriedenheit mit dem Alltagsleben aus. Hektisch zum Flughafen eilen oder gelegentlich Champagner in einer Business-Class-Lounge schlürfen, sagt, ob wir ängstlich oder ruhig bezüglich wichtiger geplanter beruflicher oder persönlicher Veränderungen sind.

374 PACKEN

Im Traum packen wir oft viel mehr Koffer für den Urlaub als wir im Leben je brauchen würden. Dieses Übergepäck bedeutet ein perverses Festhalten an Problemen, die unser inneres Leben belasten.

375 GEPÄCK

Gepäck symbolisiert unsere materiellen und psychischen Sorgen. Der Entschluss, ganz ohne Gepäck auf Reise zu gehen, drückt die das Leben verbessernde Erkenntnis aus, dass es an der Zeit ist, unser »emotionales Gepäck« hinter uns zu lassen und weiter zu gehen.

SIEHE AUCH
376: **Schwimmen** S.135

376 BAD

Ein Bad, besonders eines in der angenehmen Atmosphäre des Urlaubs, wird mit Freud als ein Traumsymbol für die Geburt interpretiert – der

Träumende verspürt den Wunsch, wieder im Mutterleib zu schwimmen.

377 STRAND

Weit davon entfernt, ein Ort der Entspannung zu sein, stellt der Strand eine erschreckende Arena unserer Ängste dar. Freudianer sehen im spielerischen Eingraben des Vaters im Sand einen ödipalen Mord, Kastrationsangst findet ihren Ausdruck in den hohen phallischen Türmen der Sandburg – die von der aufsteigenden Flut der weiblichen oder mütterlichen See weggeschwemmt werden.

378 LAUBE

Urlaubsträume zeigen oft erotische Begegnungen in romantischen Lauben oder anderen geschützten Plätzen (ein Windschutz, eine Felsenhöhle). Mit dieser Vision idyllischer Sexualität drücken wir unsere Frustration über unsere aktuelle Beziehung oder den Wunsch nach einem Nervenkitzel ähnlich der Urlaubsromanze, mit dem Gefühl von Abenteuer und Freiheit von der täglichen Verantwortung aus.

379 URLAUBSPROBLEME

Der Traum vom Urlaub als einer Kette von Katastrophen – Probleme mit der Hotelreservierung, schlechtes Essen bzw. Wetter – bedeutet tiefen Pessimismus und erklärt unsere Unfähigkeit, aus dem Alltagsstress auszubrechen. Es kann aber auch eine Warnung sein, nicht zu hohe Erwartungen in plötzliche Veränderungen unseres Lebens zu setzen.

380 EINSAME INSEL

Der Traum von der scheinbar wohltuenden Ruhe auf einer einsamen Insel drückt den Drang aus, vor den Problemen unseres Lebens davonzulaufen. Auf einer Insel im weiten Ozean zu stehen bedeutet, dass wir lieber festen Boden (des Bewussten) unter den Füßen haben als uns auf die gefährliche See (des Unbewussten) zu wagen – auch auf der Insel können wir die Gegenwart des bewegten Wassers nicht ignorieren.

Eine verlassene Insel repräsentiert auch das Gefühl der Isoliertheit und des Verlassenseins nach einem Todesfall oder dem Ende einer Beziehung sowie das allgemeine Gefühl emotionaler Unsicherheit. Die unbewohnte Insel kann aber auch unser Sehnen nach Einsamkeit ausdrücken und den Wunsch, unsere Probleme ohne Hilfe zu verarbeiten. Solche Inseln stellen aber auch schlichte Unschuld, Einfachheit und die durch das Fehlen technischer oder gesellschaftlicher Ablenkungen mögliche Klarheit der Gedanken dar.

SIEHE AUCH
380: **VERLUST UND TRAUER**
S.55–57,
Das Meer S.284

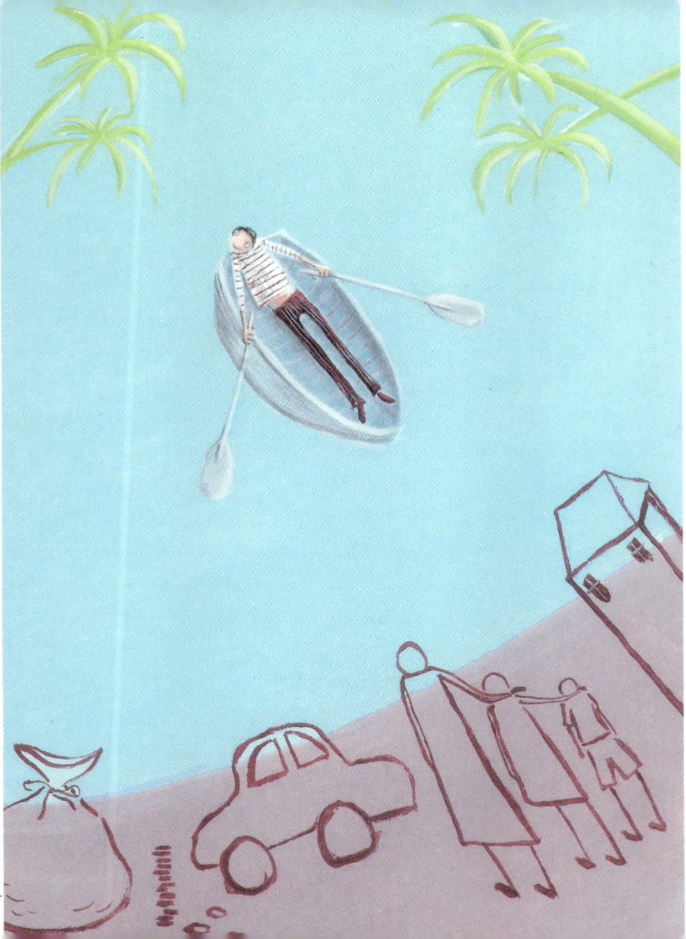

FESTE UND RITUALE

381 KRÖNUNG

Träume, in denen wir an der Krönung eines Königs teilnehmen, drücken Begeisterung über künstlerische oder intellektuelle Kreativität oder das spirituelle Streben nach Höherem aus. Wenn wir selbst der gekrönte Monarch sind, ist das ein Zeichen für übertriebene Eitelkeit und Egoismus – besonders, wenn wir uns wie Napoleon die Krone selbst aufsetzen.

382 EINEN PREIS BEKOMMEN

Jungianer interpretieren den Traum, in dem wir vom Präsidenten oder König einen Preis für unsere Leistung oder Tapferkeit bekommen oder bei einem internationalen Sportereignis eine Medaille gewinnen als Wunsch nach Identifikation mit der archetypischen Heldengestalt (siehe S. 16). Solche Selbsterhöhungen können aber auch auf Unsicherheit und geringe Selbstachtung deuten – wir sind in Wirklichkeit sehr unsicher und halten es nicht aus, wenn uns nicht ständig applaudiert wird.

383 FRUCHTBARKEITSRITEN

Jungianer sagen, dass Bilder von Fruchtbarkeitsriten in modernen Träumen als Teil des »kollektiven Unbewussten« auftauchen. Bilder vom geernteten Getreide oder von Opfern für Fruchtbarkeitsgottheiten drücken den Wunsch nach Wiedergeburt aus dem symbolischen Tod der Vergangenheit aus. Wer, nach Freud, oft von Fruchtbarkeitssymbolen träumt, macht sich Gedanken über Schwangerschaft, über die eigene oder die der Partnerin.

384 HOCHZEIT

Als Jung'scher Archetypus kann eine Hochzeit die Vereinigung der männlichen und weiblichen Aspekte der Persönlichkeit oder die Vereinigung der Lebenskräfte – Vernunft und Fantasie, Materie und Geist – bedeuten. Moderne Interpreten sehen darin eher eine positive Bekräftigung dauerhafter Familienbande.

Der Traum von einer Hochzeit ohne Gäste drückt unsere Ängste vor einer kommenden Bindung aus, besonders über ihre soziale Akzeptanz durch die eine oder die andere Familie. Das Fehlen von Braut oder Bräutigam drückt anhaltende Zweifel über die Absichten des Partners aus; wenn man den **Hochzeitsring (385)** verliert, bedeutet das ähnliche Ängste. Als Freud'sches Symbol weiblicher Genitalien drückt der Ring auch Besorgnis über ehelichen Sex aus.

386 OPFER

Träume, in denen ein Mensch geopfert wird, erinnern an den Tod eines geliebten Menschen. Das Opferritual zeigt den Trauernden den Tod als Möglichkeit eines neuen, freieren Lebens.

SIEHE AUCH
384: **Hochzeitstorte** S.149;
385: **Ring** S.84

387 HALLOWEEN

Halloween kommt von einem alten Übergangsfest, bei dem die Grenzen zwischen Materie und Geist, Leben und Tod aufgehoben werden. In den Träumen bedeutet dies eine tief greifende Verschiebung in unseren Emotionen und unserer Psyche. Der kindliche Unfug moderner Halloweenbräuche deutet auf den Wunsch, gegen Autoritätsfiguren zu rebellieren und auf unerwartete Feindseligkeit ihnen gegenüber. Aus der Welt der Geister, Hexen, Kobolde, schwarzen Katzen, Elfen und Dämonen bieten Jungianer viele archetypische Bilder, durch die die Träumenden die dunkleren Seiten ihres Unbewussten erforschen können. Freudianern genügen Hexen, die auf ihrem Besenstiel durch die Nacht reiten, um auf die sexuelle Symbolik von Halloween zu verweisen.

SIEHE AUCH

387: **Maske tragen** S.23, **Katze** S.322, **Symbole des Todes** S.108; 388: **Tischgesellschaft** S.150

388 JULSCHEIT

Die alte Tradition des Julscheits ist das Relikt eines heidnischen skandinavischen Mittwinter-Festes zur Begrüßung des wiederkehrenden Sonnenlichts nach dem kürzesten Tag. Mit viel Freude und Lärm wurde das Scheit in den Kamin gelegt und mit einem Span des vorjährigen Scheits entzündet. Als Symbol der Wärme in den kältesten Tagen drückt das Traumbild das Bedürfnis nach Familiensolidarität aus.

389 UND 390 HEILIGE KOMMUNION UND TAUFE

Das christliche Sakrament der Eucharistie, die **heilige Kommunion (389)**, symbolisiert die Vereinigung von Materie und Geist im Unbewussten oder den Wunsch, näher zu Gott zu kommen.

Die **Taufe (390)**, das Sakrament des Übergangs, bedeutet unsere Aufnahme in die spirituelle Gemeinde jenseits unserer engeren Familie, sie enthüllt ambivalente Einstellungen zu unseren Eltern. Sie kann aber auch den Wunsch nach einem Neubeginn ausdrücken.

391 BAR MITZWAH ODER BAT MITZWAH

Für Freud enthielt die Bar Mitzwah, der jüdische Initiationsritus für 13-jährige Junge eine starke Ödipussymbolik: Mit dem Spruch »Heute bin ich ein Mann« erklärt der Junge dem Vater seine Rivalität. Er eröffnet die Party durch einen Tanz mit seiner Mutter. Bei der Bat Mitzwah, der Zeremonie für Mädchen, ist die Symbolik umgekehrt. In Träumen haben diese Episoden meist mit ambivalenten Familienbeziehungen zu tun.

392 BESCHNEIDUNG

Freud sah die Beschneidung junger Juden und Moslems als »Ersatzritual« der Kastration. Das Bild symbolisiert den »Präventivschlag« des Vaters gegen die Rivalität des Sohns um die Zuneigung der Mutter.

KUNST, MUSIK UND TANZ

393 KÜNSTLER

Die unergründliche Natur der künstlerischen Leistung – nach Freud »für die Psychoanalyse nicht zugänglich« – macht den Künstler zum Traumsymbol universeller Mysterien. Als Schriftsteller, Maler, Komponist oder Bildhauer kommt der Künstler mehr durch Intuition als durch messbare Analyse zu Erkenntnissen über den Menschen. Er wird so zum Modell für individuelle Initiative in der persönlichen künstlerischen oder sonstigen Kreativität des Träumenden.

394 UND 395 KUNSTWERKE

Die Qualität, die einem **Gemälde (394)** zugeschrieben wird, zeigt den Fortschritt der künstlerischen und kreativen Ambitionen des Träumenden. Ein vor seiner Vollendung verunstaltetes Bild weckt Gefühle kreativer oder auch sexueller Impotenz. Die verwendeten Farben, hell und strahlend oder düster und gedämpft, geben Hinweise auf unser emotionales Befinden. In Träumen von Portraits deutet ein Lächeln oder Stirnrunzeln, wie wir die Meinung der Dargestellten über uns einschätzen – oder bei einem Selbstbildnis, unsere aktuelle Laune.

Eine **Zeichnung (395)** ist skizzenhafter und provisorischer, ihre Botschaft sollte man mit Vorsicht genießen. Portraitzeichnungen, bei denen der (phallische) Bleistift zu sehen ist, werden von Freudianern als Wunsch nach Sex mit der dargestellten Person gedeutet.

396 SKULPTUR

Mit ihren dreidimensionalen taktilen Eigenschaften spricht die Bildhauerei die meisten Sinne unter allen bildenden Künsten an. Träume vermitteln die Freude, eine Skulptur zu berühren, die zum Leben erwacht und den Träumenden berührt. Das erinnert an den griechischen Mythos von Pygmalion, der die Skulptur der Galatea erschafft, des Ideals der Weiblichkeit. Die Liebesgöttin Aphrodite bringe Galatea zum Leben, und Pygmalion heiratet sie. Der Traum bedeutet, dass wir in der Realität oft das andere Geschlecht oder eine spezielle Person überidealisieren. Das Ideal bleibt für uns unerreichbar, dort wo wir es hingestellt haben, auf einem Podest.

397 AUSSTELLUNG

Eine Kunstausstellung ist ein Akt der Selbstzurschaustellung in der Öffentlichkeit. Träume, in denen der Künstler nackt durch die Galerie spaziert, deuten auf das Gefühl der Verletzlichkeit in Verbindung mit einem lieb gewordenen Projekt.

SIEHE AUCH

394: **Strahlende Farben** S.33, **Sprechende Gemälde** S.351; 396: **Ein Objekt wird zu einem anderen** S.352

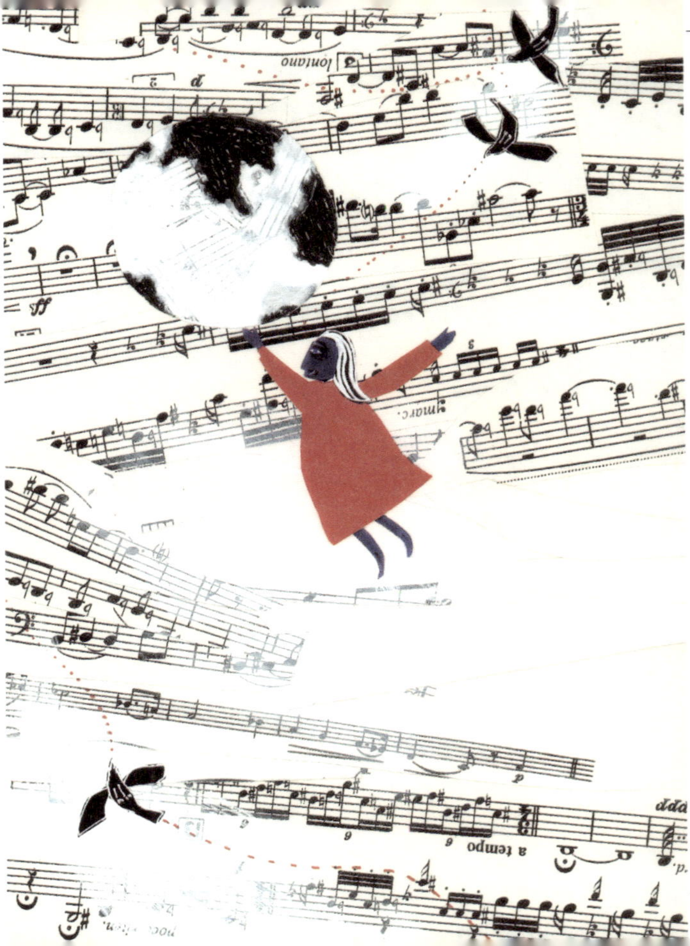
lontano
marc.
a tempo

398 MUSEUM

Das Museum ist der Hüter der kreativen Vergangenheit der Menschheit. Es bedeutet auch Stillstand und Stagnation. Lärm, der die heilige Ruhe des Museums stört, drückt den Wunsch nach Entheiligung künstlerischer Konventionen aus und danach, Kreativität allen – besonders uns selbst – zugänglich zu machen.

399 AUKTION

Wer in einer Kunstauktion mitbietet, könnte jemand sein, der unsere Kreativität schätzt. Fühlen wir uns im Leben von jemandem beurteilt? Der erfolgreiche Bieter ist unser Richter, oder jemand, dessen Zustimmung wir suchen, ein Elternteil, ein Kollege oder eine geliebte Person.

400 MUSIK

Musik spricht unter allen Künsten am unmittelbarsten die Emotionen an. Erhabene und ätherische Kirchenmusik symbolisiert unser Streben nach Kreativität und spirituellem Fortschritt. Bodenständige Volksmusik oder rauer Rock'n'Roll reflektieren die leidenschaftliche und Erd verbundene Seite unseres Wesens. Kakophonie ist Zeichen für Disharmonie in einer persönlichen oder beruflichen Beziehung.

SIEHE AUCH
400: **Kirchen** S.49, **Melodie** S.345, **Mozart** S.366, **Beethoven** S.366, **Singen** S.168

Ein erhebendes **Konzert (401)** ist Ausdruck der Freude, kreative Erfahrungen mit anderen zu teilen. Der Dirigent, der sich verbeugt und die Bühne verlässt (oder ein Orchester ohne Zuhörer), drückt Angst vor dem Tod unseres Vaters oder einer anderen geliebten oder respektierten Person aus.

402 BLASINSTRUMENTE

Mag die Musik auch noch so rein überirdisch sein, die Instrumente haben durch ihre Gestalt und die Art, wie sie gespielt werden, eine eindeutig physische Symbolik. Für Freud waren etwa die vertikal gespielten Blasinstrumente (Oboe, Klarinette etc.) mit Oralsex assoziiert. Jungianer verbinden Holz- und Rohrblasinstrumente mit dem griechischen Fruchtbarkeitsgott Pan – ihr Klang drückt die Urenergie aus.

SIEHE AUCH

402: **Flöte** S.166, 405: **Querpfeife** S.166; 408: **Kirchen** S.49, **Hochzeit** S.157

403 UND 404 SAITENINSTRUMENTE

Die Form der **Violine (403)** und anderer Streichinstrumente erinnert an den weiblichen Körper. Sie zu spielen – besonders das **Cello (404)** stellt also einen symbolischen Sexualakt dar. Die Violine, die auf Kaiser Nero zurückgehen soll (der sie angeblich während des Brands Roms gespielt haben soll), wird mit herzloser Verantwortungslosigkeit assoziiert.

405 TROMMEL

Das Trommelschlagen repräsentiert den Urrhythmus des Lebens, so wie den Herzschlag oder die Bewegungen beim Sex. Die Trommel, die die Männer in den Krieg begleitet, drückt auch aggressive Instinkte aus.

406 HARFE

Die Harfe, eines der ältesten Musikinstrumente (schon vor mehr als 5000 Jahren in Ägypten bekannt), ist das traditionelle Instrument von Göttern und Engeln. Die himmlische Musik, die sie im Traum spielt, deutet auf den Wunsch des Schlafenden nach Frieden und Harmonie. Die wehmütig wirkende Musik symbolisiert das Glück, das man auf Erden nicht finden kann – und daher vielleicht einen Todeswunsch.

407 KLAVIER

Im Traum erscheint oft ein Klavier, das von alleine spielt. Das schwarze Klavier mit den schwarzen und weißen Tasten symbolisiert den Tod einer Person, die der Träumende mit dem abwesenden Pianisten identifiziert.

408 ORGEL

Orgeln werden mit sakralen Ritualen, besonders mit Hochzeiten und Begräbnissen assoziiert. Träume von Orgelmusik drücken daher den Wunsch nach einer Vermählung oder Angst vor dem Tod aus.

409 FLÖTE

Die Flöte ist das Instrument der Ziegenherden und ihres lüsternen bockshörnigen Gottes Pan, was ihr eine starke sexuelle Note gibt. Die Flöte betört Schlangen, die aus dem Korb kommen, und lockt Kinder, dem Rattenfänger von Hameln zu folgen, sie wird im Traum daher oft mit Verführung assoziiert. Die **Querpfeife (410)**, eine kleine Flöte, die liebliche und beschwingte Melodien spielt, ruft traditionell die Männer in den Krieg. Dieses Instrument symbolisiert ein Gefühl der Feindseligkeit, oder den Mut, sich im Leben großen Schwierigkeiten zu stellen.

411 POSAUNEN

Eine Posaune verkündet großen Erfolg oder ein bedeutsames Ereignis im Leben des Träumenden. Sie kann auch eine Warnung vor drohendem Unheil sein. Posaunen zerstörten die Mauern von Jericho und sollen den Tag des Jüngsten Gerichts verkünden. Die Traumposaune kann ein Aufruf zum Beginn eines wichtigen, lange aufgeschobenen Projekts sein.

SIEHE AUCH
409: **Trommel**
S.165

412 TANZ

Für Jungianer und Freudianer symbolisieren die meisten Tanzträume eine Form des Liebesspiels oder des Sexualakts. Tanz in unkontrollierter Ekstase deutet auf den explosiven Drang, die Einheit von

Körper und Geist herzustellen, als künstlerisches oder spirituelles Band mit dem Unendlichen. Das ungehinderte Vergnügen des **Discotanzes (413)** drückt nicht so sehr hochfliegende spirituelle Aspirationen aus, als vielmehr den Wunsch nach Befriedigung überhitzten sexuellen Appetits.

Der **Ballett-Traum (414)** sublimiert in eleganter stilisierter Form beunruhigende, wilde Emotionen. Der Träumende entdeckt das Bedürfnis, sich mit Wut und Hass einem anderen gegenüber auseinander zu setzen.

415 MASKENBALL

Ein gesellschaftliches Ereignis, bei dem die Anwesenden verkleidet sind, enthüllt unsere Vorstellung von den Rollen, die die Leute in der Öffentlichkeit annehmen, ausgedrückt in den Kostümen, die sie tragen. Vielleicht sind die Kostüme aber auch Ausdruck ihrer wahren Natur. Und welches Kostüm tragen wir selbst?

416 UMZUG

Ein Umzug kann ein großer feierlicher Anlass, eine prächtige Staatsparade oder ein farbenfroher Karnevalsumzug sein. Wer sich im Traum als Würdenträger in einer feierlichen Prozession sieht, kann darin ungeahnte Ambitionen entdecken. Eine fröhliche Parade stellt ein beruhigendes Selbstbild von jemandem dar, der sich in seiner Haut wohl fühlt.

417 SINGEN

Singen ist das Lobpreisen eines höheren Wesens (sterblich oder nicht),

SIEHE AUCH
415: **Maske tragen** S.23; 417: **Kirchen** S.49

eine feierliche Hymne oder ein Akt der Trauer. Ein Traumlied kann auch Liebesgeständnis sein.

Ein **Chor (418)** ist das Symbol eines erhebenden oder himmlischen Lieds, das Bild des Chors drückt das Bedürfnis des Träumenden aus, mit anderen Leid und Freude zu teilen.

SPIEL

419 SPIELZEUG

Spielzeug – Eisenbahn, Flugzeuge, Autos und Tiere – repräsentieren den Wunsch zur Perspektive der Kinder zurückzukehren, in eine Welt, über die wir Kontrolle haben. Das passiert besonders dann, wenn wir mit Problemen unserer Erwachsenenwelt nicht fertig werden. Spielzeug zerstören drückt Frustration über Probleme aus, die sich nicht lösen lassen.

420 PUPPEN

Die Art, wie Kinder mit einer männlichen oder weiblichen Puppe spielen, bietet faszinierende Einblicke in die Wahrnehmung ihrer Beziehung zu den Eltern. Puppenträume Erwachsener reflektieren tief sitzende Eindrücke über ihre Gefühle den Eltern gegenüber. Junge Eltern, die von Puppen träumen, drücken die Angst aus, unglückliche elterliche Verhaltensmuster bei den eigenen Kindern zu wiederholen.

421 MARIONETTEN

Spielzeugträume hängen mit der Kontrolle von Problemen zusammen, Träume von Marionetten mit der Kontrolle von Menschen. Entweder sind wir die – von einer nahe stehenden Person oder einem Kollegen manipulierte Marionnette oder der manipulierende Puppenspieler.

422 BRETTSPIELE

Spiele, in denen Figuren auf einem Spielbrett bewegt werden wie die Würfel fallen, spiegeln die Fortschritte und Rückschläge des Lebens, eine Symbolik, die sie auch in Träumen haben, wo sie unsere Erwartungen von Erfolg und Versagen reflektieren, aber auch unsere Ängste vor unkontrollierbaren Einflüssen. Manche Spiele haben ihre eigene Symbolik – Sünde und Sexualität etwa in »Snakes and Ladders«.

423 SCHACH

Das alte Schachspiel ist reich an Symbolen sexueller Rivalität und fundamentaler Dualitäten: Mann und Frau, Leben und Tod. Im Schachspiel gewinnt man, indem man den Vater-König tötet (der Ausdruck »schachmatt« kommt aus dem Persischen und bedeutet »der König ist tot«). Die Figur mit den besten Möglichkeiten, ihn zu töten, ist die Mutter-Königin. Einfache Bauern sind nur stark, wenn sie zusammenarbeiten. Das Spiel ist eine Schlacht zwischen Licht und Dunkel und stellt das Dilemma dar, in dem unsere moralische Integrität mit niedrigeren Motiven ringt – bei denen meist Geld im Spiel ist: Würden Sie jemanden, der Ihr Haus kaufen will, auf Mängel aufmerksam machen, die er nicht bemerkt?

Nach Jung steht das Schachspiel für das Bewusste (weiße Figuren) und das Unbewusste (schwarze Figuren) des Träumenden, die um die Vorherrschaft kämpfen.

424 BACKGAMMON

Das Backgammonbrett ist in zwei Hälften geteilt, das »innere« und das »äußere Feld«, die das Bewusste und das Unbewusste symbolisieren. Ziel des Spiels ist, als Erster alle Steine vom äußeren Feld auf das innere zu bringen und dann wieder aus dem Spielbrett heraus. Es deutet auf den Wunsch, die Geheimnisse des Unbewussten zu entdecken, bevor der andere Spieler – der Tod? – uns daran hindert.

425 WÜRFEL

Der Würfel als Symbol des Glücksspiels bedeutet, dass Zufallsfaktoren mehr Einfluss auf Entwicklungen in unserem Privat- und Berufsleben zu haben scheinen als unsere eigenen Fähigkeiten. Für diejenigen, die nicht von Einsteins Meinung überzeugt sind: »Gott würfelt nicht«, reflektiert dieser Traum auch den Zweifel, ob das Universum von etwas anderem als vom Zufall bestimmt ist.

SIEHE AUCH
422: **Schlange** S.328, **Leiter** S.116; 423: **Maskenpaar** S.80; 426: **Preise** S.25, **Geld horten** S.199

426 LOTTERIE

Heutzutage ist der Traum vom Lotteriegewinn ein verbreiteter Wunscherfüller. Der Geldgewinn kann ein bedeutendes Lebensziel symbolisieren, es wäre aber unrealistisch zu hoffen, dass man dieses Ziel ohne Mühe erreichen kann. Freudianer verbinden Geldträume mit der analen Phase, ein Lotteriegewinn drückt daher den Wunsch des Träumenden aus, vom anal bestimmten Geiz wegzukommen.

427 WETTE

Viele Arten von Wetten, etwa beim Buchmacher oder im Casino, stehen wohl für ein gewagtes und riskantes Unterfangen, das wir im Beruf oder im Privatleben in Betracht ziehen. Riskieren wir zuviel? Haben wir Chancen und Risken abgewogen?

428 WAHRSAGEREI

Der Traum vom Wahrsagen deutet auf Sorgen über unsere individuelle Identität und unsere Zukunftsaussichten. Unsere Reaktion auf jede Traumprophezeiung hängt von unserer Einstellung zu Wahrsagerei überhaupt ab. Wenn wir von Natur aus skeptisch sind, bedeutet so ein Traum eine Krise unseres Glaubens an die Vernunft.

429 SPORTSTADION

Sport symbolisiert persönliche Leistung. Der Rahmen eines Sportstadions kann auf Rivalitäten mit Kollegen oder auf den Wunsch nach sozialer Anerkennung hinweisen.

430 BOXEN

Die Brutalität des Boxsports kann auf beträchtliche Feindseligkeit zu einem Gegenspieler hinweisen und Ausdruck fortdauernder Geschwisterrivalität sein, mit dem Ringrichter als Vaterfigur. Wenn der Träumende k.o. geht, handelt es sich um einen Schuld beladenen Wunsch nach Selbstbestrafung.

431 BASEBALL

Dieses typisch amerikanische Spiel bietet reichlich Phallus- und andere Sexualsymbole: Schläger, Ball, Handschuhe, Schirmkappe. Die traditionelle freudianische Sicht des Traum-Baseballs als ödipaler Aktivität zeigt sich in den heftigen Provokationen des Vater-Schiedsrichters durch die Spieler.

432 CRICKET

Der freundschaftliche Wettbewerb und die sommerlichen Gesellschaften des englischen Spiels – zumindest in seiner traditionellen Amateurform – vermitteln den Wunsch, sich aus dem Wettkampf im Beruf und bei Familienstreitigkeiten zurückzuziehen. Das weiße Outfit bedeutet Sehnsucht nach Unschuld.

SIEHE AUCH
428: **Zigeuner** S.89; 430: **Bruder oder Schwester** S.93

433 FUSSBALL

Die leidenschaftlichen Emotionen des Fußballs – American Football, Rugby oder Soccer – bedeuten für den Träumenden sexuelle Erregung. Ein Torschuss symbolisiert den Orgasmus, ein Schuss daneben bedeutet Impotenzangst. Jungianer sehen Erfolg oder Versagen des Träumenden eher in Zusammenhang mit spirituellen Zielen.

434 FECHTEN

Träumende können wohl kaum die sexuelle Symbolik des Schlagens und Parierens beim Fechten ignorieren. Der bedeutendste Moment des Traums ist wohl der, in dem die Duellanten ihre Masken abnehmen und deutlich wird, gegen wen der Träumende »kämpft« – gegen die geliebte Person, gegen die Eltern – oder die eigenen unbewussten Zwänge. Verbirgt sich hinter diesem stilisierten Kampf echte Feindschaft?

SIEHE AUCH
434: **Maskenpaar** S.80; 435: **Peitsche** S.46, **Pferd** S.327, **Spielzeug** S.169; 439: **Meer** S.284, **Wasser** S.284

435 PFERDERENNEN

Der rhythmische Galopp des Pferdes symbolisiert den Geschlechtsakt mit dem emotionalen Element von Triumph und Niederlage im Ziel. Die Peitsche enthüllt sadomasochistische Gefühle. Das Rennen im Fernglas zu beobachten deutet auf Voyeurismus.

Ein **Schaukelpferd (436)** trägt die gleichen sexuellen Konnotationen wie ein echtes Pferd, es kann aber auch unsere Sehnsucht nach den Freuden und der Sicherheit der Kindheit ausdrücken.

437 EISLAUFEN

Eislauf-Träume repräsentieren den Wunsch, sich auf ein gewagtes Unternehmen einzulassen. Die Träumenden erleben sich graziös und mit einem Gefühl von Freiheit, obwohl sie sich der metaphorischen Bedeutung des Satzes vom »Tanzen auf dünnem Eis« bewusst sein sollten.

438 SCHILAUFEN

Den Berg hinunterfahren ist ein klassisches Freud'sches Symbol des Geschlechtsakts, zu dem sich die Aufregung des Schifahrens gesellt. Schi-Träume gehen oft einher mit dem Gefühl des Fallens, das die sexuelle Spannung mit dem Angstgefühl verkompliziert, das auf Schuldbewusstsein wegen unerlaubter sexueller Gefühle verweist.

439 SEGELREGATTA

Träume von einer Segelbootregatta bedeuten aus Jung'scher Sicht die Erforschung des kollektiven Unbewussten. Für Freudianer bedeuten die Yachten die Sehnsucht des Träumenden nach der Zeit, als er oder sie im Mutterleib war.

440 UND 441 SPIELPLATZ

Die **Schaukel (440)** ist ein Bild kindlicher Freiheit und Aufgeregtheit und Ausdruck eines dem Fliegen ähnlichen Gefühls. Freudianer meinen, dass die rhythmische Bewegung des Schaukelns mit dem Sexualakt zusammenhängt und dass die Person, die uns anschubst, das Objekt der Begierde ist. Auch Träume vom Reiten auf einer **Wippe (441)** haben sexuelle Bedeutung.

442 KARUSSELL

Das Karussellfahren begann als mechanisches Modell der großen königlichen Reiterzüge. In Träumen gibt es die mit Pferden und mit dem Fliegen assoziierte Sexualsymbolik wieder. Der Karussell-Traum drückt den Wunsch nach Rückkehr zur sexuellen Unschuld der Kindheit aus.

SIEHE AUCH
440: **Reiten**
S.134, **Fliegen**
ohne Hilfe
S.119; 442:
Schaukelpferd
S.175, **Pferde-**
rennen S.174,
Pferd S.327,
Spielzeug S.169

443 KREISEL

Der Kreisel ist eines der ältesten Spielzeuge. Sein wimmerndes Geräusch wird mit Trauer assoziiert. Die hypnotische Wirkung der Drehbewegung verweist auf einen tranceartigen meditativen Zustand, in dem wir in die Tiefen des Unbewussten blicken.

TRANSAKTIONEN

KAMPF UND GEWALT

444 GEWALT GEGEN SICH SELBST

Sich als Opfer selbst zugefügter Gewalt zu sehen deutet auf Schuldgefühle und Selbstanklage in Zusammenhang mit dem Tod einer geliebten
Person oder dem Bruch einer Beziehung. Wir meinen fälschlich, dass wir
das durch früheres Eingreifen verhindern hätten können. Diese Traum-
Gewalt drückt auch geringe Selbstwertschätzung und Ekel vor sich selbst
aus, manifestiert in unbewussten destruktiven Zwängen, die wir bewältigen sollten, bevor sie zum Ausbruch kommen.

445 GEWALT GEGEN ANDERE

Im Traum auf andere ohne Unterschied loszuschlagen bedeutet den
Kampf gegen unerwünschte Impulse des Bewussten oder Unbewussten.
Gewalt gegen einen älteren Menschen bedeutet Widerstand gegen eine
Autoritätsperson. Gewalt gegen Kinder drückt die
Unfähigkeit des Träumenden aus, das Kind in sich
selbst zu akzeptieren.

SIEHE AUCH
444: **Feind**
S.183; 445:
Faustkampf,
Streit S.185; 446:
Gewehre S.47,
Artillerie S.183

446 VERSAGENDE WAFFEN

Schusswaffen, die versagen, deuten auf Ängste
wegen sexueller Leistungsfähigkeit oder auf die
Kraftlosigkeit des Träumers gegenüber Herausforderungen. Gut funktionierende Waffen drücken

die aggressive Seite männlicher Sexualität aus, sie bedeuten aber auch das Unvermögen, mit Menschen umzugehen und Ideen anders als auf autoritäre Art auszudrücken.

447 TÖTEN

Ein Traum, in dem Menschen oder Tiere getötet werden, muss nicht von latenter Gewaltbereitschaft ausgelöst sein. Bei Träumenden, die gerade in einer Psychoanalyse stehen, oder eine andere Möglichkeit suchen, ihr

Leben besser zu kontrollieren, kann er das Zurückdrängen tief sitzender Denk- und Handlungsweisen bedeuten, die die Persönlichkeitsentwicklung behindern. Ein **vorsätzlicher Mord (448)** drückt Feindseligkeit aus, die genaue Bedeutung hängt von der Identität von Mörder und Opfer ab. Vorausgesetzt, dass keine echte Mord-Wunscherfüllung vorliegt, bedeutet das Töten einer Autoritätsperson den Wunsch, sozialen oder persönlichen Zwängen zu entkommen. Elternmord deutet auf ungelöste Kindheitsprobleme, vielleicht auf eine noch immer präsente elterliche Züchtigung. Wenn es um den andersgeschlechtlichen Elternteil geht, deutet Freud das als Zeichen eines Ödipus- oder Elektrakomplexes.

449 KRIEGE UND SCHLACHTEN

Krieg symbolisiert dramatische Konflikte zwischen Elementen des Bewussten und des Unbewussten. Klassischerweise bedeutet die Schlacht einen Ordnungsruf des Bewussten gegen den instinktiven Auflehnungsdrang des Unbewussten. Der Traum ist Ausdruck des Wunsches nach Frieden und Versöhnung – ein Verstehen und Anerkennen unserer dunklen Seite, nicht der vergebliche Versuch sie auszutreiben.

450 PANZER

Mit Turm und Kanone ist der Panzer eines der aggressivsten Phallussymbole. Das Traumbild projiziert unsere Ängste vor (oder vielleicht unseren unterschwelligen Wunsch nach) gewalttätiger Sexualität. Im Bereich der Ideen symbolisiert der Panzer den Angriff auf Konventionen, bei dem alle herkömmlichen Prinzipien und ihre Verteidiger niedergewalzt werden.

451 TORPEDO

Die Form des Torpedos symbolisiert männliche Sexualität. Seine Aufgabe ist es, heimlich Explosionen zu verursachen, der Traum drückt also den Wunsch nach unerlaubtem, heimlichen Sex aus. Dass der Torpedo durch das Muttersymbol Wasser gleitet, drückt Inzestwünsche aus.

452 UND 453 ARTILLERIE

Die große Feuerkraft einer modernen High-Tech-**Rakete (452)** stellt ebenso eine Variante des Phallussymbols dar wie die traditionelle Kanone oder das **Feldgeschütz (453)**. Außerhalb der Sexualsphäre symbolisieren solche Waffen die Hindernisse, die sich unseren Zielen entgegenstellen – besonders bei Frauen in traditionellen Männerberufen. Welche »schweren Kaliber« behindern unseren Aufstieg?

SIEHE AUCH
451: **Wasser,
Meer** S.284;
453: **Gewehre**
S.47; 454:
Gejagt werden
S.29, **Vertraute
Fremde** S.30,
**Gewalt gegen
das Selbst** S.180

454 FEIND

Eine Gestalt, die als unser erbitterter Feind erscheint,

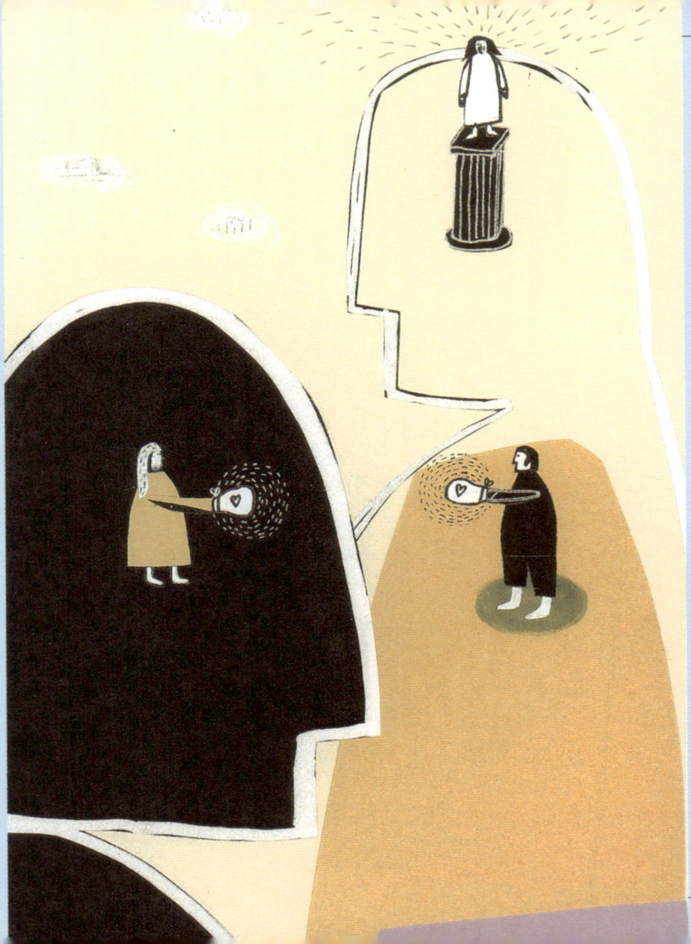

ist vielleicht niemand anderer als unsere eigene Schattenseite, die uns mit unseren Vorurteilen und anderen unangenehmen Eigenschaften konfrontiert. Wenn sich der Feind als eine uns bekannte Person zeigt, enthüllt der Traum bisher ungeahnte Animositäten und Misstrauen ihr gegenüber.

455 FAUSTKAMPF

Ein Faustkampf zwischen einem Jüngeren und einem Älteren deutet auf Rivalität zwischen dem Träumenden und einem Elternteil oder auf generelle Ablehnung von Autorität. Ein Kampf zwischen Gleichaltrigen bedeutet Geschwisterrivalität.

Ähnlich kann man auch jeden anderen **Ringkampf (456)** zwischen zwei Individuen interpretieren. Oft ist es ein Kampf um Freiheit. Wir zeigen Widerstand auf dem schwierigen Weg der Wahrheit und des spirituellen Strebens, so wie in der Bibel Jakob mit dem Engel Gottes rang. Faustkampf und Ringen werden von Freudianern als Kampf mit Vater oder Mutter um die Zuneigung des anderen Elternteils gesehen.

457 AXT

Axt oder Beil sind eher kreativ als destruktiv. Sie spalten, was die Bereitschaft symbolisiert, das Wertvolle vom Wertlosen zu trennen, oder den Weg aus einer emotionalen Sackgasse zu finden. Das Beil

SIEHE AUCH
455: **Boxen** S.173; 456: **Krüppel** S.99

schwingen deutet auf die Entschlossenheit, das »tote Holz abzuschlagen« und uns von einer Person oder Sache zu befreien, die uns zurückhält. Die Axt des Henkers symbolisiert unsere Neigung zu übertriebener Selbstkritik und Selbstverurteilung.

458 UND 459 KLINGEN

Als klassische Waffe des Meuchelmörders ist der **Dolch (458)** Zeichen leidenschaftlicher aber heimlicher Feindschaft gegen einen anderen. Als zeremonieller oder dekorativer Bestandteil der Männertracht (zum Beispiel der traditionellen schottischen Bekleidung), symbolisiert der Dolch männlichen Stolz, aber nicht unbedingt Gewalt, er kann für die beruhigende schützende Präsenz des Vaters stehen.

Das **Schwert (459)**, Symbol der Ritter, ist das Instrument des archetypischen Helden (siehe S. 16). Das Flammenschwert des Engels, der Adam und Eva die Rückkehr nach Eden verwehrte, ist ein altes Symbol des Leidens, das Gewissensbisse weckt.

SIEHE AUCH
458, 459:
Messer S.47,
Opfer
S.157;
459:
Ritter S.85

460 BOGEN UND PFEIL

Der Bogen symbolisiert die Spannung, mit der wir den Pfeil unserer unbewussten Wünsche in Schach halten. Oft in Zusammenhang mit den traditionellen Waffen des Liebesgottes Cupidus sind diese Wünsche erotisch. Den Pfeil in den Himmel abschießen statt auf irdische Ziele drückt unseren Wunsch aus, unsere Energien höheren Zielen zu widmen.

461 ATOMPILZ

Die unheilvolle, schicksalsschwere Atomwolke ist ein erschreckendes Bild äußerster Zerstörung. Die Pilzform repräsentiert auch Regeneration: Pilze gedeihen in verfaulter Materie, Leben entsteht aus dem Tod.

TESTS UND PRÜFUNGEN

462 PRÜFUNGEN

Angst erfüllte Prüfungsträume tauchen noch auf, wenn die Erinnerung an Schul- und Studienzeit schon verblasst ist. Das Gefühl der Machtlosigkeit, unser eigenes Schicksal zu gestalten, steckt hinter diesem Traum, in dem wir – oft zu spät – durch endlose Korridore zum Prüfungsraum eilen, oder in dem wir am Ende der Prüfung ein leeres Blatt abgeben. Manchmal träumt man auch davon, nackt bei einer Prüfung zu erscheinen, ein Zeichen für Angst vor sozialer Erniedrigung.

463 VOR EINER PRÜFUNGSKOMMISSION

Die mündliche Prüfung ist der schrecklichste aller Prüfungsträume. Eine strenge Kommission prüft unsere innersten Gefühle mit endlosen Fra-

gen. Wenn wir zögern oder keinen Ton herausbringen, bedeutet das, dass wir uns weigern, uns Gefühlen zu stellen, die wir ausdrücken sollten. Diese Träume deuten auf ein schwieriges Verhältnis zu einem Elternteil, der uns wie bei einem »Verhör« aushorcht und befragt, unsere Privatsphäre ignoriert und damit unsere Selbstachtung unterminiert, weil er uns das Gefühl vermittelt, dass er uns nicht vertraut.

Ein **Interview (464)** zu führen erlaubt uns, die Situation einer Autoritätsperson gegenüber umzumünzen, die normalerweise eine inquisitorische Rolle in unserem Leben spielte. Dieser Traum drückt unser Revanchebedürfnis, aber auch unsere geringe Selbstachtung aus.

465 FORMULARE AUSFÜLLEN

Das Ausfüllen eines Formulars bedeutet im Traum eine Liste unverständlicher Fragen. Wir fühlen uns unseren Ängsten oder unseren Geldsorgen hilflos ausgeliefert. Instinktiv fühlen wir vielleicht, dass etwas in unserem Leben nicht in die richtige Richtung läuft.

466 PRÜFUNGSERGEBNISSE

Der Traum, in dem wir unseren Namen nicht auf der Liste der erfolgreichen Kandidaten finden, reflektiert das Gefühl des Scheiterns. Wir spüren, dass jemand uns absichtlich unterbewertet.

SIEHE AUCH
465: **Bürokratie**
S. 35

GEBEN UND ERHALTEN

467 GESCHENKE

Ein Geschenk machen symbolisiert das Bedürfnis, einem anderen unsere Liebe und Wertschätzung auszudrücken. Ein Geschenk bekommen heißt, dass wir unseren Rang in der Gesellschaft kennen. Mit Geschenken überhäuft werden bedeutet, dass wir uns geschätzt fühlen.

Unerwartete Geschenke (468) bedeuten verschiedenes. Wenn wir nach einer zerbrochenen Beziehung das Gefühl hatten, ungeliebt zu sein, weist das Geschenk auf Anerkennung unseres Werts. Wenn wir das Geschenk machen, ist der Traum eine Aufforderung, unsere persönlichen Qualitäten offener und ehrlicher zu präsentieren, um andere nicht zu überrumpeln.

Ein unangebrachtes Geschenk, das uns nicht gefällt oder das wir nicht brauchen können bedeutet, dass uns bestimmte Aufmerksamkeiten nicht willkommen sind.

SIEHE AUCH
470: **Rote Rose** S.46,
FARBEN S.341–343;
471: **Geld horten** S.199

469 UNERFREULICHE GESCHENKE

Ein Traum, in dem wir ein schönes Päckchen öffnen, um darin verfaulte, stinkende Speisen oder andere abstoßende Dinge zu finden, deutet auf enttäuschte Erwartungen. Das Bild verrät unser intuitives Gefühl, dass sich hinter jemandes scheinbar guten Absichten eigennützige Motive verbergen.

470 BLUMENSTRAUSS

Im Traum wie im Leben ist der Blumenstrauß ein weit verbreitetes Symbol von Liebe und Zuneigung. Die Farbe der Blumen ist bedeutungsvoll: Rote Blumen symbolisieren weibliche Genitalien, weiße Blüten bedeuten Unschuld und Jungfräulichkeit. Wie das Geschenk, das sich beim Öffnen als unerfreulich herausstellt, bedeutet ein verwelkter Strauß enttäuschte Erwartungen.

471 BONBONNIERE

Eine Schachtel Schokolade weist auf die Kindheit des Träumenden und auf kindliches orales Vergnügen hin. Nach Freud ist Schokolade ein Traumbild für Exkremente, es repräsentiert anale Fixierung und deutet darauf, dass man äußerst formell und verklemmt oder geizig ist. Wir sollten aber diesen Traum nicht überbewerten: Freud hätte wohl gesagt, dass Schokolade manchmal nur Schokolade ist.

472 LEERE GESCHENKPACKUNG

Das Bild der leeren Geschenkpackung bedeutet, dass etwas, das uns auf den ersten Blick viel versprechend erschien, ganz hohl ist. Wir müssen uns mit einer unerwiderten Liebe abfinden oder unsere Erwartungen über das Resultat einer Unternehmung zurücknehmen.

BRIEFE UND PAKETE

473 BRIEFTRÄGER/POSTBOTE

Der Überbringer von Nachrichten symbolisiert neue Chancen, ein Briefträger, der ohne Post vorbeigeht, deutet auf allgemeine oder spezielle Enttäuschung. Träumende, die dem Briefträger nachlaufen, drücken damit ihren Entschluss zu einer entscheidenden Tat aus und schaffen sich eigene Möglichkeiten. Sich als Postbote zu sehen, drückt das Gefühl aus, eine Vertrauensposition zu verdienen.

474 BRIEFE

Nachrichten in Briefform sind in Zeiten neuer Chancen und unerwarteter Herausforderungen positive Symbole. In Zeiten der Stagnation unseres Privat- oder Berufslebens sind solche Träume als Ansporn zu sehen.

475 UMSCHLAG

Für Freud ist ein Umschlag Symbol weiblicher Sexualität, einen Brief in den Umschlag stecken repräsentiert den Sexualakt. Ein offener Umschlag bedeutet Jungfräulichkeit oder die Verleugnung der Zuneigung einer Frau.

Einen Brief ungelesen im Umschlag zu lassen bedeutet, dass der Träumende eine unangenehme Wahrheit nicht akzeptieren will oder dass er eine Gelegenheit nicht nützen kann.

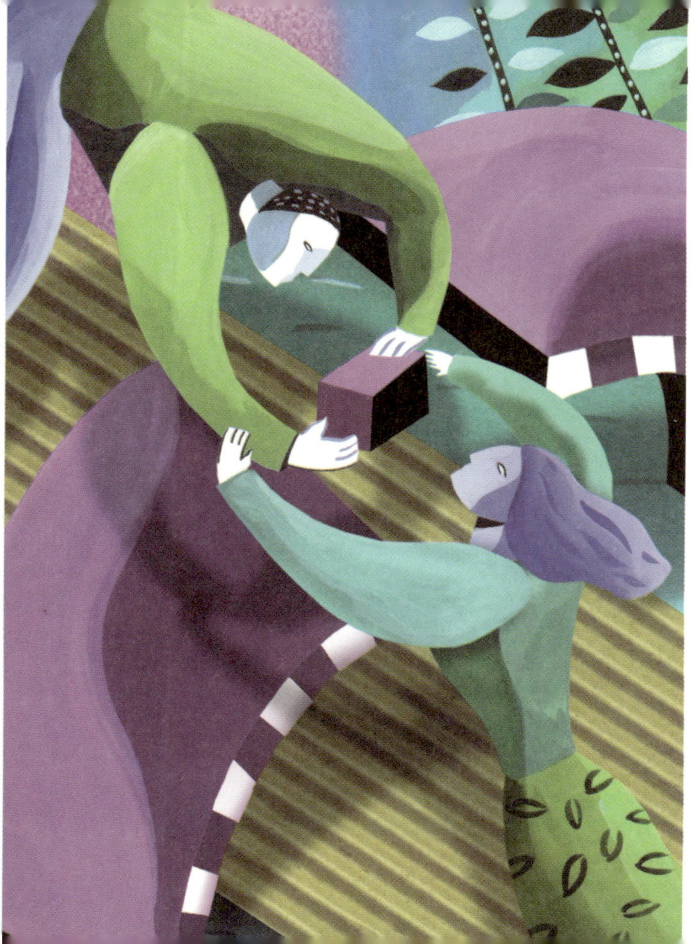

476 UNVERSTÄNDLICHER BRIEF

Ein unleserlicher oder in einer unverständlichen Fremdsprache verfasster Brief deutet auf unsere Frustration über eine unlösbare Aufgabe. Ein Brief, der sich als leeres Blatt entpuppt, bedeutet, das wir lieber selbst die Initiative ergreifen sollten als darauf zu warten, dass andere uns eine Chance bieten.

477 ANONYMER BRIEF

Ein anonymer Brief ist ein Alarmsignal des Unbewussten. Gefühle sind in Aufruhr, das Unbewusste sagt uns, dass wir innehalten und unsere Ziele reflektieren sollen.

**SIEHE
AUCH**
476:
**Unfähigkeit zu
verstehen** S.51;
479: **E-Mail-
Fehler** S.38

478 POSTKARTEN

Postkarten sind oft frivol und indiskret, jeder kann sie lesen. Wenn wir jemanden erwischen, der unsere Postkarte liest, bedeutet das den unbewussten Wunsch, offener zu denen zu sein, die uns viel bedeuten.

479 E-MAIL

Eine E-Mail ist Ausdruck neuer symbolischer Ängste. Auf den »Senden«-Button zu klicken bedeutet, dass wir Kontrolle über unsere Entscheidungsfähigkeit haben, ihn zu hastig anzuklicken bedeutet, dass wir eine Idee unwiderruflich weitererzählen, die noch nicht durchdacht ist. Auf »Entfernen« zu klicken drückt unseren Wunsch aus, unangenehme Gedanken oder Personen aus unserem Bewusstsein zu löschen.

480 PAKETE

Aus Freud'scher Sicht symbolisieren Pakete und Umschläge (und viele andere Behälter) die weiblichen Genitalien. Das Paket und unser Empfinden über seinen Inhalt drückt – besonders bei Männern – die Einstellung zur weiblichen Sexualität im Allgemeinen aus. Die Freude über eine neue Liebe erklärt, warum wir aufgeregt sind und es nicht erwarten können, ein Paket zu öffnen. Wenn wir es aber nicht öffnen wollen – weil wir vielleicht fürchten, dass es eine Bombe enthält –, drückt das die Angst vor einer tieferen Beziehung zu einer Frau aus.

481 URKUNDEN ODER DOKUMENTE

Urkunden und offizielle Dokumente – Geburts-, Heirats- und Sterbeurkunden, Testamente und Grundbesitzurkunden – drücken unsere Sorgen mit einem wichtigen Übergangsritus aus. Das Verbrennen oder Zerstören dieser Dokumente bedeutet einen Abschluss.

482 VERTRAG

Ein Vertrag symbolisiert eine persönliche oder berufliche Verpflichtung in unserem Leben, der wir ambivalent gegenüberstehen. Das Zerreißen eines Traum-Vertrags drückt unser Unbehagen mit der Verpflichtung aus, kann aber auch unsere Freude über die Befreiung von einer Verpflichtung bedeuten.

483 KLECKS

Ein Tintenklecks bedeutet, dass der Träumende Zweifel am Wert der in dem Schriftstück dargestellten Gelegenheit hat. So wie im psychologischen Rohrschachtest kann die Form des Kleckses aufschlussreich sein. Ein Tränen verschmierter Brief bedeutet das Gefühl, dass wir an der Traurigkeit des Briefschreibers schuld sind. Wenn die Tränen von uns selbst stammen, drücken sie emotionale Schwierigkeiten beim Beenden einer Beziehung aus.

484 TELEGRAMM

Telegramme sind aus der Mode gekommen. Wenn sie im Traum erscheinen, sind sie mit Erinnerungen an ein wichtiges Ereignis in ferner Vergangenheit wie die Geburt eines Kinds oder einen Todesfall in der Familie verknüpft. Ein Telegramm drückt auch das dringende Bedürfnis nach Kontakt mit einem lange verstorbenen Freund oder Geliebten aus.

EINKAUF UND GELD

485 GESCHÄFT/LADEN

Das Bild des Geschäfts kann als Symbol für Chancen und Gewinne im Leben gelten. Wie viel wir im Traum kaufen, sagt etwas über unsere Fähigkeit, diese Chancen zu nutzen. Wenn wir entdecken müssen, dass das, was wir suchen, ausverkauft ist, drückt das unsere Frustration darüber aus, dass wir im Leben nicht erreichen, was wir wollen. Ein häufiger Einkaufs-Traum handelt von der Panik bei **Geschäftsschluss (486)**. Dass wir nicht mehr alles kaufen können, was wir wollen, bevor das Geschäft schließt, bedeutet Angst, dass das Leben für all unsere Pläne zu kurz ist.

487 AUSLAGEN

Ein Auslagenbummel repräsentiert verlockende, aber unerreichbare Möglichkeiten. Das Bild bedeutet Frustration oder Neid, weil uns das Leben seine Gaben verwehrt, es erinnert uns aber auch daran, dass wir die Wahl haben: Wir können anderswo nach wirklich erreichbarem Gewinn suchen, der noch dazu wertvoller ist.

488 LADENTISCH

Der Ladentisch ist der Ort, an dem wir auswählen, er kommt also bei Träumenden vor, die über größere Veränderungen in ihrem Leben nachdenken. Vielleicht sind wir von der Vielfalt des Angebots ver-

SIEHE AUCH

485:

BAUWERKE

S.232–248

wirrt. Wenn die Dinge, die wir begehren, zu teuer sind, ist das eine Warnung des Unbewussten vor zu viel Ehrgeiz.

489 VERKAUFEN

Verkaufen ist die Kunst der Überredung. Wir versuchen, anderen ein wichtiges Projekt zu »verkaufen« oder wir überlegen, eine Idee zu »kaufen«. Verkaufen bedeutet Leute zu überreden, etwas zu kaufen, von dem sie nicht wussten, dass sie es wollten. Wir sollten also den Wert jedes Angebots sorgfältig prüfen. Der ultimative Verkaufs-Traum ist, den Geliebten zur Annahme des Heiratsantrags zu bringen.

490 GEMISCHTWARENLADEN

Ein Laden, in dem viele verschiedene Waren verkauft werden – Knöpfe, Reißverschlüsse, Bänder, Perlen, Nadeln – erinnert an all die mühsamen Details des Alltagslebens. Man kann sie leicht übersehen, wenn man sich auf das große Bild unserer Lebensziele konzentriert. Der Traum mahnt uns, die kleinen Dinge zu beachten, ohne die alles andere zusammenhanglos bleibt.

491 HAUSIERER

Ein Straßenverkäufer ist eine Traumgestalt, die die Freiheit des am äußeren Rand der Gesellschaft Arbeitenden

ausdrückt, aber auch die Unehrlichkeit eines Ver-
käufers zweifelhafter Ware. Der Träumende wägt
Chancen und Risiken eines neuen Vorhabens ab
oder mögliche Motive einer neuen Bekanntschaft.

492 HANDEL

Handel symbolisiert Interaktion in einer beruflichen, intellektuellen oder
sexuellen Beziehung. Wir überlegen, welche Qualitäten wir und unser
angehender Partner, Kollege oder Freund einander zu bieten haben.

493 GELD

Für Jung ist Geld Symbol von Macht, es repräsentiert die Fähigkeit, ein
Ziel zu erreichen. Für Freud ist Geld Symbol der Ausscheidung und der
Traum vom **Geldhorten (494)** Ausdruck analer Fixierung, verursacht
vermutlich durch falsches Vorgehen der Eltern beim Toilettentraining
des Träumenden – einer daher zwanghaft ordent-
lichen und eigensinnigen Persönlichkeit. Träume
von einem **Stapel Münzen (495)** sind für Freud der
bildliche Ausdruck für Geld als Beispiel analer
Fixiertheit.

Träume vom Geld können natürlich auch Finanz-
probleme ausdrücken.

SIEHE AUCH
494: **Toiletten-
träume** S.105;
495: **Geld-
taschen** S.49

496 MARKT

Das reiche, farbenprächtige Bild eines Marktes, auf dem eine größere Warenvielfalt als in einem Laden angeboten wird, erinnert an die breite Auswahl jenseits der vertrauten Umgebung unseres Alltagslebens. Der Traum tritt an Scheidewegen unseres Lebens auf: von zu Hause weggehen, eine neue Beziehung eingehen (eine alte beenden), den Job wechseln. Die sich vermischenden Rufe der Verkäufer und das Gedränge in den Marktgassen drücken unsere Angst aus, den Durchblick und die Orientierung zu verlieren.

497 BASAR

Die exotische Atmosphäre und die Vielfalt glänzender, ungewöhnlicher Waren machen das Bild eines orientalischen Basars zu einem Symbol unserer Reiselust und unserer Suche nach neuen aufregenden Erlebnissen. Die engen, labyrinthartigen Gassen können aber auch auf Klaustrophobie oder Panikgefühle deuten, das Feilschen und die Aufdringlichkeit der Händler stellen Leute aus unserem Leben dar, die wir einschüchternd oder besonders fordernd finden.

SIEHE AUCH

496: **Floß** S.24;

497: **Ungewohnte Umgebung** S.21

498 RECHNUNG ODER SCHECK

Die Aufforderung zu zahlen konfrontiert uns mit der Notwendigkeit, persönliche Ressourcen zu investieren, um Fortschritte zu machen. Die Höhe des Betrags kann schockieren, aber er kann auch das Maß dafür sein, was wir aus dem Leben herausholen können. **Bezahlen (499)** ist immer hart, besonders im Traum: Unsere Taschen sind leer, unsere Kreditkarten gesperrt. Träume vom vereitelten Bezahlen beleuchten Unterlegenheitsgefühle und sind eine Art Selbstbestrafung. Sie betonen auch die zum Erreichen persönlicher Ziele notwendige Anstrengung: Wenn wir nichts investieren, wird nichts herauskommen. Aber wir verschwenden auch nicht wertvolle Ressourcen. **Barzahlung (500)** statt Scheck oder Kreditkarte drückt unsere Ungeduld aus, mit unrealistischer Eile Vorteil aus einer Chance zu ziehen.

Selbst **bezahlt zu werden (501)** bedeutet, dass wir uns für unsere Anstrengungen – auf spirituellem, emotionalen oder materiellem Gebiet – belohnt fühlen.

502 SAFE ODER TRESOR

Als sicherer Behälter für Wertsachen symbolisiert der Safe weibliche Sexualität. Als Ort des Hortens ist er auch Bild des Geizes und Ausdruck eines übertrieben ordnungsliebenden und unflexiblen Zugangs zum Leben. Da Geld nach Jung Symbol der Macht ist, spirituelle Ziele zu erreichen, repräsentiert der Safe auch den Speicher an Erkenntnissen, die wir für unsere Selbstverwirklichung anhäufen müssen.

503 MIETE

Ein Haus symbolisiert meist das Selbst. Miete zahlen bedeutet, die Integrität des Selbst zu bewahren – etwa gegenüber überbesorgten Eltern, dargestellt in der Person des Vermieters. Wenn der Traum aber die Tatsache betont, dass wir nur Mieter und nicht Eigentümer des Hauses sind, bedeutet dies, dass wir uns mit uns selbst und unserem Körper nicht wohl fühlen.

504 PFANDLEIHER

Träumende, die wertvollen Besitz einem Pfandleiher überlassen, opfern möglicherweise eine Reihe von Werten, auf die sie stolz sind, um ein ungewisses Ziel zu erreichen. Die Gestalt des Pfandleihers repräsentiert die Unterbewertung unserer Talente, Leistungen oder Erfahrungen und steht auch für jemanden, den wir vielleicht verehren, dessen Rat aber fragwürdig ist.

SIEHE AUCH
502: **Stamm, Kiste oder Schachtel** S.242, **Schloss und Schlüssel** S.114; 503: **Hausbesitzer/in** S.97, **Haus** S.237

505 BÖRSENKRACH

Der Traum von einem Desaster auf den Finanzmärkten kann das Bild des ruinierten Bankers oder Börsenmaklers enthalten, der sich erschießt oder aus dem Fenster springt. Der Träumende drückt damit vielleicht das Gefühl tiefer persönlicher Enttäuschung über eine gescheiterte Ehe oder über eine andere Unternehmung aus, in die er glaubt zu viel an Zeit oder Energie »investiert« zu haben.

KOMMUNIKATION

506 MEINUNGSVERSCHIEDENHEIT

Eine Meinungsverschiedenheit zur Sprache bringen enthüllt unsere Zweifel über bisher fest verwurzelte Überzeugungen: Der Traumdialog ist eine Dramatisierung unseres eigenen inneren Konflikts. Das kann aber ein konstruktives Moment unserer Persönlichkeitsentwicklung sein, die Bereitschaft, neue Ideen zu prüfen, um neue Erfahrungen zu gewinnen.

SIEHE AUCH

507: **Streit**
S.185; 508:
Gerichtshof
S.232, **Kläger**
S.209

507 STREIT

Ein handfester Streit im Traum kann von starken Frustrationsgefühlen aus dem Wachzustand aus-

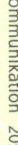

gelöst werden, besonders, wenn die Traumperson nicht gegen den anderen gewinnen kann, obwohl die selben Argumente immer wieder wiederholt werden. Dieser Traum deutet auch auf Unterlegenheitsgefühle bei jeder Art von Argumentation. Natürlich können wir dieses Versagen auch der anderen Streitpartei zuschreiben.

508 GERICHTSVERFAHREN

Gerichtlich gegen eine Person oder eine Gruppe vorzugehen drückt den Wunsch aus, deren Zustimmung zu erringen. Das Verfahren deutet auch auf den geheimen Wunsch des Träumenden, Leute zu demütigen, die nicht seiner Meinung sind.

509 EINE REDE HALTEN

Sich vor eine Zuhörerschaft zu stellen und eine Rede zu halten bedeutet, dass wir uns von unserer Umgebung missverstanden fühlen und die Sache richtig stellen wollen. Applaus für unsere Rede ist ein Wunscherfüller, der die Anerkennung symbolisiert, die uns im Leben verwehrt bleibt.

510 UNRUHIGE ZUHÖRERSCHAFT

Das Bild einer unruhigen Zuhörerschaft, die Weigerung der anderen, uns zuzuhören deutet darauf, dass wir meinen, unsere Argumente würden nicht beachtet oder nicht Ernst genommen und unsere Bemühungen nicht anerkannt. Die pfeifende und schreiende Menge zu unseren Füßen reflektiert unsere wahren Gefühle anderen gegenüber – meinen wir, dass wir »über der Masse« stehen?

Ein lautes, unruhiges Publikum ist auch ein Mittel, eine speziell unser Leben beunruhigende Person zu verbergen, die sonst auffallen würde.

SIEHE AUCH
510: **Parlament** S.36;
512: **In Tunnel einfahrender Zug** S.45

RECHT UND ORDNUNG

511 DIEB ODER RÄUBER

Einer, der anderen Wertvolles stiehlt, stellt jemanden dar, dem wir misstrauen, ohne es wirklich zu bemerken. Wenn der Dieb unser Traum-Ich ist, hängt die Bedeutung des Traums vom gestohlenen Gegenstand ab – Symbole weiblicher Genitalien wie Geldtasche oder Handtasche oder Phallussymbole wie Waffen oder Autos bedeuten die Verführung zum Ehebruch. Ein **Zugüberfall (512)** enthält ebenfalls ein Phallussymbol und deutet auf die Impotenzangst des Träumenden. Mit einer Pistole oder einem Messer ausgeraubt zu werden drückt normale Angst vor Gewalt aus, besonders vor Vergewaltigung. Ein **Straßenräuber (513)**

spiegelt – als Ausdruck von Freiheit und Ungeduld mit sozialen Konventionen – unerlaubte Wünsche und tiefste Ängste des Träumenden.

Da die Tasche ein Freud'sches Symbol weiblicher Genitalien ist, steht der **Taschendieb (514)** für unerlaubte Sexualität. Der **Einbrecher (515)**, der Türen aufbricht und in Gebäude eindringt, bedeutet Angst vor Vergewaltigung oder vor dem Eindringen anderer in unsere Gefühlswelt.

516 GERICHTSVOLLZIEHER

Wie die Vorladung vor Gericht drückt das Erscheinen des Gerichtsvollziehers an unserer Tür, der unseren Besitz pfändet, das Gefühl aus, dass wir in irgendeinem Bereich unseren Verpflichtungen nicht nachgekommen sind – oder dass wir allgemein Geldsorgen haben. Der Traum kann aber auch unsere wahre Einstellung zu materiellem Erfolg aufdecken: Vielleicht würden wir insgeheim lieber der mit dem Streben nach materiellen Zielen verbundenen Frustration aus dem Weg gehen.

517 PROZESS

Der Traum von einem Prozess symbolisiert Probleme des Träumenden mit unterdrückenden Zwängen der Gesellschaft, verkörpert in Bürokratie und autoritären Institutionen. Wenn wir den Angeklagten kennen, bedeutet der Traum, dass wir den Problemen uns nahe Stehender mehr Beachtung schenken müssen, wenn sie eine schwere Zeit durchmachen.

518 VORLADUNG

Eine Vorladung, vor Gericht zu erscheinen, drückt Schuld in einem privaten oder persönlichen Bereich aus, den wir in letzter Zeit vernachlässigt haben. Die Traum-Vorladung kann ein Appell sein, als Zeuge der Verteidigung zu agieren. Gibt es etwas oder jemanden im richtigen Leben, der unsere Unterstützung braucht?

519 RECHTSANWALT

Die Person, die vor Gericht für uns spricht, verkörpert einen helfenden Freund oder Verwandten, den wir in Stresszeiten brauchen. Ein strikter Rat bedeutet aber, dass wir zu abhängig sind und die Kontrolle über unsere eigenen Angelegenheiten verlieren.

520 KLÄGER

Ein Traum, in dem wir als Kläger auftreten und den Urheber einer vermeintlichen Beleidigung oder Ungerechtigkeit anklagen, entsteht aus Paranoia oder Selbstmitleid. Ein verlorener Prozess gibt unserer Paranoia neue Möglichkeiten sich zu entfalten.

Den Fall gewinnen und den Angeklagten bestraft zu sehen ist kein positives Bild, sondern deutet auf Rachsucht und Selbstgerechtigkeit.

SIEHE AUCH

515: **Haus** S.237;

517– 520: **Angeklagter** S.37, **Gerichtshof** S.232, **Gerichtsverfahren** S.205

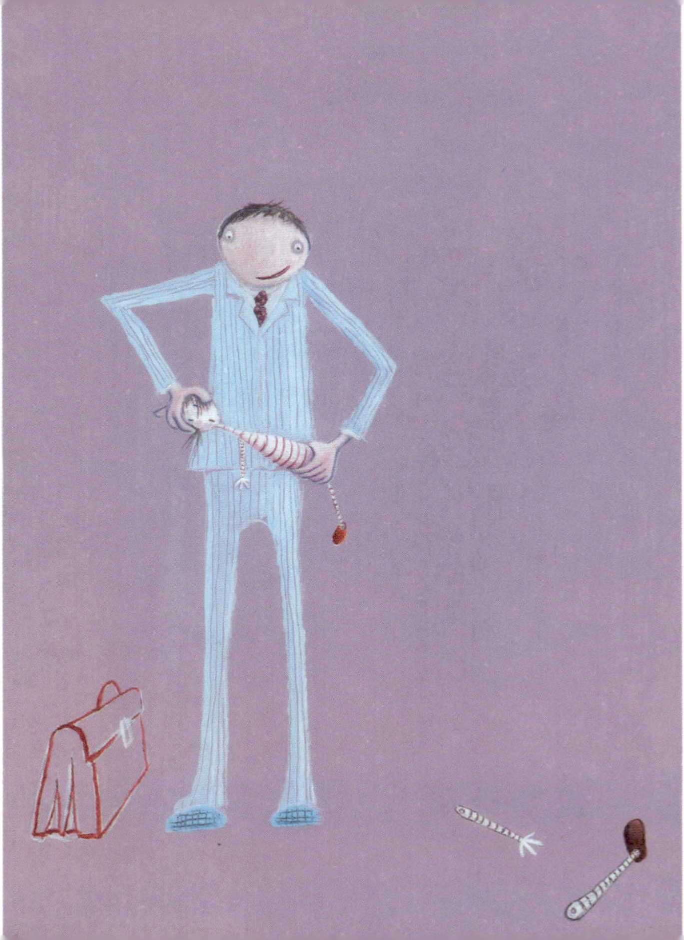

521 GESCHWORENE

Die Traum-Geschworenen sind die, die über unsere Zukunft entscheiden, besonders, wenn uns ihre Gesichter vertraut sind – Geliebte, Kollegen, Freunde. Der Traum enthüllt die Angst, von unseren Nächsten beurteilt zu werden. Unbekannte Gesichter bedeuten, dass unser Schicksal außer Kontrolle zu sein scheint. Wenn eines oder alle Gesichter wir selbst sind, bedeutet der Traum, dass wir die Macht haben, selbst zu entscheiden.

522 URTEIL

Das positive oder negative Urteil ist oft Symbol unserer Selbstbeurteilung. Der strenge Richter, der das Urteil ausspricht – also den Schuldspruch – repräsentiert den urteilenden und kontrollierenden Vater.

523 FEHLVERHALTEN

Träume vom Fehlverhalten als Erwachsener – absichtlich etwas zerbrechen, während des Gottesdienstes oder bei einem feierlichen Anlass kichern, einen Wutanfall bekommen – sind kaum verhüllte Rückfälle in kindliche Rebellion gegen elterliche Beschränkungen. Träume kindlicher Ungezogenheit drücken den gesunden und kreativen Drang zum Widerstand gegen erdrückende Konventionen aus.

SIEHE AUCH
521, 522:
Angeklagter
S.37,
Gerichtshof
S.232

524 VERBRECHEN

Im Traum als Krimineller zu erscheinen deutet nicht auf böse Absichten hin, sondern reflektiert Schuldgefühle oder den generellen Wunsch gegen Gruppenzwang zu rebellieren. Für Freud ist ein Eins-zu-eins-Angriff Geschwisterrivalität oder das ödipale Verbrechen des Vatermords.

525 BESITZSTÖRUNG

Das Bild vom unerlaubten Eindringen in ein fremdes Haus oder Grundstück drückt den Wunsch nach Erforschung unbekannter Gebiete sexueller, spiritueller oder intellektueller Erfahrungen aus. Die Angst, gefasst zu werden bedeutet unsere Hemmungen bei dieser Suche, kann aber auch der Schauder der Erregung bei der Aussicht auf ein Abenteuer sein (obwohl der Traum vom Eindringen auch den Wunsch nach Ehebruch ausdrücken kann).

SIEHE AUCH

524: **Dieb oder Räuber** S.207, **Bruder oder Schwester** S.93; 527: **Geld** S.199

526 DESERTEUR

Militärpersonen, die desertieren, stellen ein zweideutiges Traumbild dar. Wenn wir der Deserteur sind, fühlen wir uns schuldig wegen unserer Unfähigkeit, uns drängenden emotionalen oder psychischen Problemen zu stellen: Der Traum drückt einen Fluchtversuch aus – fliehen statt kämpfen. Andererseits beweisen wir beträchtlichen Mut, wenn wir ein feindliches Umfeld aufgeben, in dem wir schon zu lange waren oder eine verlorene, unbefriedigende Sache, die unsere Energien für zu geringen Lohn beansprucht. Wenn wir von einem anderen auf unserem Posten zurückgelassen werden, deutet der Traum auf das Gefühl, von den Eltern vernachlässigt oder von Gruppenaktivitäten ausgeschlossen worden zu sein, auf einen Trauerfall oder eine zerbrochene Beziehung. Er kann auch den Beginn persönlicher Unabhängigkeit bedeuten.

527 FALSCHMÜNZEREI

Anders als Freud, der Geld als Symbol der Ausscheidung sah, wie in dem englischen Sprichwort: »Wo Mist ist, da ist auch Knete«, sah Jung Geld als Zeichen der Macht, persönliche Ziele zu erreichen. Falschgeld ausgeben zu wollen bedeutet, dass der Träumende in Versuchung ist, auf Abkürzungen zu diesen Zielen zu gelangen, ein Zeichen für das Bewusstsein der Frustration über die eigenen Fortschritte. Einem nahe Stehenden Falschgeld zu geben oder sonstwie zu betrügen bedeutet unseren Unwillen, ihm unser wahres Selbst zu enthüllen.

528 FÄLSCHER

Wenn uns jemand im Traum gefälschte Dinge andrehen will, bedeutet das Bild, diese Person könnte in unserem beruflichen, privaten oder spi-

rituellen Leben nicht ganz ehrlich zu uns sein. Der Traum warnt uns vor der Gefahr, zu bereitwillig Versprechungen zu akzeptieren, die sich als falsch herausstellen könnten.

529 SCHMUGGEL

Das Schmuggeln wertvoller aber illegaler Waren drückt den Wunsch des Träumenden aus, Freunden wertvolle neue Erkenntnisse zukommen zu lassen. Schmuggeln ist kein selbstloses Geschenk: Der Träumende rechnet mit der Dankbarkeit der anderen. Eine andere Interpretation sieht das Schmuggelgut als unser wahres Selbst – etwas, das wir anderen nicht gerne enthüllen, aus Angst vor ihrer Ablehnung.

530 GIFT

So wie ein aus Krankheitserregern gewonnener Impfstoff uns vor Krankheit schützt, ist ein Gift-Traum eher gut als schädlich. Die Träumenden nehmen Gift, um eine Emotion zu eliminieren, die ihre Existenz »vergiftet« – etwa die Eifersucht auf einen Rivalen oder Zwangsvorstellungen von einem verstorbenen Geliebten. Im Traum jemandem, den wir kennen, Gift zu verabreichen, reflektiert echte, wenn auch nicht mörderische, Feindseligkeit gegen diese Person.

SIEHE AUCH
530: **Mord**
S.182

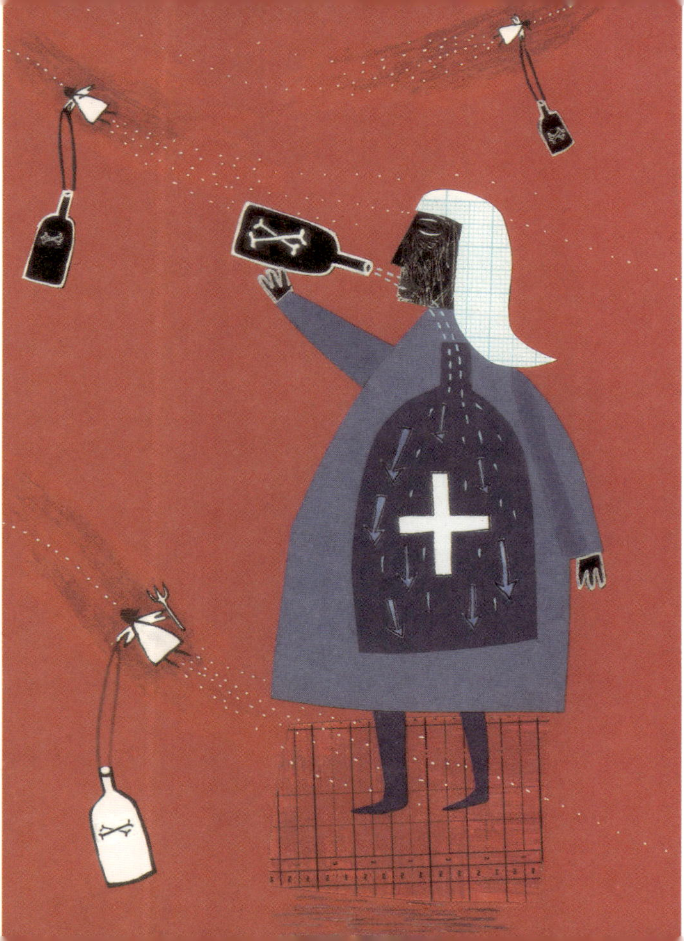

UMGEBUNG

ZU HAUSE

531 KOCHEN

Das Herdfeuer ist der traditionelle Fokus des Haushalts (das lateinische »Focus« bedeutet »Herd«) und symbolisiert somit das innerste Zentrum unseres Seins. Als Symbol der Zusammengehörigkeit bedeutet das Zubereiten eines Mahls Suche nach Liebe und Zuneigung.

532 BRATEN

Beim Braten ist man ständig in Gefahr sich zu verbrennen. Der Rauch als Symbol von Opfer und Tod weist auf eine Gefahr für die Ziele des Träumenden. Der Traum kann uns auch warnen, dass die Dinge für uns schlechter werden, wenn wir einem Problem aus dem Weg gehen.

SIEHE AUCH

531: **Küche** S.241;

533, 534: **Asche oder Staub** S.55, **Feuer** S.285;

537: **Füllhorn** S.49, **Heiliger Gral** S.358.

533 SCHLACKE

Schlacke bedeutet Tod oder Zerstörung, aber mit einem feinen Unterschied zum absoluten Todessymbol der Asche. Ihr Glühen erinnert an die Lebenskraft, die den Verstorbenen charakterisierte, oder an die Inspiration, die wir aus einer früheren Anstrengung erhielten.

Der sauber gefegte **Kamin (534)** symbolisiert den Ort, an dem zerstörte Ambitionen begraben liegen, aber auch die Wiege ungeborener Projekte.

535 WASSERKESSEL

Der Wasserkessel mit seinem Schnabel ist ein Symbol männlicher Sexualität, er bedeutet, dass jemand verletzt werden könnte, wenn man mit kochenden Emotionen nicht sorgfältig umgeht.

536 TÖPFE UND PFANNEN

Auch das sind Sexualsymbole, weibliche oder männliche, je nachdem, ob der Topf oder sein Stiel mehr hervorsticht. Die Assoziation mit dem Kochen hat mit Sexualität zu tun, die in uns brodelt oder mit Problemen mit unserem Partner in Haushaltsangelegenheiten.

537 TASSE

Die Tasse symbolisiert weibliche Sexualität, das Trinken daraus lässt einem erotischen Wunsch freien Lauf. Wenn ein Mann sie durchs Zimmer schleudert, heißt das Ärger mit einer Frau oder Angst vor weiblicher Sexualität; bei einer Frau bedeutet es, dass sie Sexualität als Waffe einsetzen will. Nach Jung ist die Tasse ein Symbol der reichen Möglichkeiten des Lebens oder der Selbstverwirklichung durch den Heiligen Gral.

538 BESTECK

Zusammen betrachtet deuten Messer, Gabeln und Löffel auf den Wunsch nach häuslicher Sicherheit. Einzelne Teile haben ihre eigene Symbolik. Als kleine, domestizierte Versionen von Waffen symbolisieren Messer und Gabel gezähmte Aggression. Löffel haben wie Tassen weibliche Symbolik: Wir wollen »gefüttert« werden, wenn uns die Dinge über den Kopf wachsen. Der Teelöffel sagt uns, dass wir etwas in kleinen Dosen zu uns nehmen sollen. Ein Silberlöffel bezieht sich auf jemanden, den wir beneiden, der »mit einem silbernen Löffel im Mund geboren« wurde.

539 ABWASCH

Den Abwasch machen bedeutet, Scham- oder Ekelgefühle abzuwaschen, vielleicht in Verbindung mit einem sexuellen Erlebnis. Wie Händewaschen bedeutet auch dieser Traum, Verantwortung zu leugnen.

540 HAUSHALTSSCHÄDEN

Sie repräsentieren selbst erkannte Charakterfehler oder fehlerhafte Ideen. Eine gesprungene Tasse symbolisiert oft verlorene Liebe. Im Traum Dinge im Haus zu zerbrechen, drückt Enttäuschung und Verzweiflung aus über alles, was durch den Haushalt symbolisiert wird, das hat oft sexuelle Bedeutung. Ein **zerbrochenes Fenster (541)** betrifft bei Freud weibliche Sexualität, bei Jung Enttäuschung über die Welt.

542 PUTZPERSONAL

Reinigungspersonal kann vieles bedeuten. Eine Frau in dieser schmucklosen, aber wichtigen Rolle erinnert an die eigene hart arbeitende Mutter. Das Haus, das sie reinigt, symbolisiert das Selbst des Träumenden, es bedeutet, dass wir vernachlässigte Winkel unserer Persönlichkeit ordnen sollten.

543 BESEN

Der Besen, der etwas rein fegt, drückt den Drang des Träumenden aus, alte Ideen und Gewohnheiten zu eliminieren, um Platz für neue Sichtweisen zu haben. Als Symbol der Reinigung kann er autoritäre Intoleranz ausdrücken, die eine Debatte, mit sich selbst oder in der Gesellschaft, vielleicht verkompliziert, aber auch bereichert.

544 STAUBSAUGEN

Im Vergleich zum Besen hat der Staubsauger etwas Endgültiges und Umfassendes, das den Wunsch zeigt, ein für alle Mal jede Spur einer vergangenen Handlung entfernen zu wollen. Staubsaugen bedeutet den Wunsch, vom Verlust einer Person wegzukommen, die aus unserem Leben geschieden ist.

SIEHE AUCH
539: **Hände** S.70;
540: **Trinkglas** S.256; 541,
543: **Halloween** S.158

545 FENSTERPUTZEN

Fensterputzen bedeutet, dass wir versuchen, die Welt um uns klarer zu sehen. Wir spüren, dass unsere Wahrnehmung durch unsere eigene übertriebene Introvertiertheit verschwommen ist.

546 WASCHMASCHINE

Waschmaschinenträume stürzen uns oft in tosendes Wasser. Als Mutterleibssymbol deutet das Wasser auf tief sitzende Kindheitsprobleme, die »ausgewaschen« werden sollten. Wenn man Wasser als Bild des Unbewussten akzeptiert, bedeuten die Turbulenzen des Waschens, dass es Zeit ist, alte Probleme anzupacken, die unseren Seelenfrieden stören.

Kleidung symbolisiert oft die Nacktheit, die sie verbergen soll, Waschen oder die **Wäsche auf der Leine (547)** zeigt daher auch Sehnsucht nach verlorener Unschuld oder nach Selbstdarstellung und ungehinderter Sexualität.

548 SPÜLKÜCHE

Wenn man das Haus als Symbol des Selbst versteht, könnte der Raum für die Aufbewahrung von Küchenutensilien und für die schmutzige Küchenarbeit ein Symbol für die Arbeit im Inneren des Träumenden sein – ein Speicher des Unbewussten.

SIEHE AUCH

545: **Fenster** S.246;

547: **Nacktheit** S.73; 548:

Kochen S.218,

Küche S.241

549 LACKIEREN

Eine Lackschicht auftragen bedeutet den Wunsch, unsere Fehler zu verbergen oder unsere Ansichten vor Kritik zu schützen. Es bedeutet auch den Wunsch, Probleme in einer Beziehung zu überdecken.

550 SIEB

Ein Sieb steht für den Prozess des Entwickelns einer neuen Sichtweise auf das Leben und auf das »Abschwemmen« nicht hilfreicher Einstellungen und Ideen.

551 TÜNCHEN

Tünchen bedeutet im übertragenen Sinn das Zudecken unangenehmer Missetaten. Das kann sich auf unsere eigenen Schuldgefühle beziehen oder auf den Verdacht, dass andere ihre wahren Absichten verbergen.

BERUFE

552 INGENIEUR

Wir sehen den Ingenieur als Retter, der die Schrauben und Räder unserer Welt in bewegten Zeiten fixiert. Wenn er in den Tiefen des Unbewussten arbeitet, hindert er destruktive Zwänge, unser Bewusstsein zu stören. Er kann ein Freund, Verwandter oder vertrauenswürdiger Ratgeber sein.

553 BÄCKER

Die Arbeit des Bäckers hat eindeutige Assoziationen mit dem Sexualakt, bekömmlich und gesund wie Brot. Die Wecken sind starke Bilder männlicher Sexualität, der Backofen ist ein ebenso starkes weibliches. Backen hängt mit dem Prozess der Schwangerschaft zusammen.

554 ZAHNARZT

Zahnschmerzen lösen Zahnarzträume aus. Jung bemerkte aber, dass die Zahn-Träume von Frauen mit Gebären zu tun haben, wobei der Zahnarzt zum symbolischen Geburtshelfer wird. Männerträume vom **Zähneziehen (555)** hängen nach Freud mit Kastrationsangst zusammen, der Zahnarzt wird mit einem Elternteil identifiziert.

556 BAUMEISTER

Die (meist männliche) Person, die ein Haus baut, das oft das Selbst des Träumenden symbolisiert, wird zur Vaterfigur. Der neben teilweise vollendeten Wänden stehende Baumeister erinnert uns an die Abhängigkeit unserer Kindheit. Der Traum kann auch unseren Widerwillen darüber ausdrücken, dass unsere Entwicklung weiterhin von unserem autoritärsten Rollenvorbild beeinflusst wird.

557 POLIZIST

Trotz gesellschaftlicher Veränderungen wird diese autoritäre Schlüsselfigur noch immer als männlich wahrgenommen. Streng und unbeugsam oder freundlich und hilfsbereit drückt das Verhalten des Polizisten das

Bild aus, das wir von unserem Vater haben. Wenn er uns festnimmt, zeigt das unseren Unwillen über den Einfluss eines autoritären Vaters. Eine **Polizistin (558)** bedeutet eine dominante Mutter oder Probleme mit einer Frau, die der dominante Partner in einer Sexualbeziehung ist.

559 DIRIGENT

Vor dem Sinfonieorchester stehend möchten wir unsere Kreativität selbst kontrollieren. Wir haben vielleicht den unvernünftigen Drang, das Schicksal anderer bestimmen zu wollen. Die häufig himmlische Symbolik von Musik kann auch auf Sehnsucht nach spiritueller Leitung deuten.

560 ADMIRAL

Ausgehend von der Phallussymbolik von Schiffen verspüren Träumende, die sich als Admiral identifizieren, den Wunsch, ihren Willen in einer Sexualbeziehung durchzusetzen. Mit allen Rangabzeichen dekoriert suchen sie auch die Bewunderung ihres Partners.

561 METZGER

Der Metzger erscheint im Traum oft mit Händen und einer Schürze voll Blut. Das bedeutet nicht Gewalt, sondern eher, dass der Träumende ein Opfer im Privat- oder Berufsleben gebracht hat. Blut

SIEHE AUCH
559: **Konzert**
S.164

wird auch mit Menstruation assoziiert und deutet auf Angst vor weiblicher Sexualität.

562 CHEMIKER

Der Chemiker kann als symbolische Interferenz zur Alchemie interpretiert werden, die Jung mit dem inneren Transformationsprozess des Träumenden verbindet. Wer sich selbst als Chemiker sieht, versucht, eine Formel für Selbstverwirklichung zu finden.

563 MECHANIKER

Der Mechaniker wird oft um eine zerlegte Maschine zappelnd gesehen, die er nicht mehr zusammenbauen kann. Wir erkennen in ihm unsere eigene Mühe mit der Aufgabe, Ordnung in unser Leben zu bringen.

SIEHE AUCH

563: **Ingenieur**
S.225; 565:
Held S.85;
573: **Zahnarzt**
S.226,
Baumeister
S.226,
Haus S.237

564 BERGARBEITER

Der im Erdinneren tätige Bergarbeiter gräbt tief im Unbewussten des Träumenden, um das Erz zu finden, das wertvolle Einsichten liefert. Der Bergarbeiter befördert seine Ladung an die Oberfläche, ins Bewusstsein, wo der Träumende die Brocken in wahre Weisheit verwandeln muss.

565 SOLDAT

Ein Soldat repräsentiert oft einen Helden, der für eine gerechte Sache kämpft. Als Symbol des Jung'schen archetypischen Helden (siehe S. 16) wird der Soldat zum Rollenvorbild, das den Träumenden in seinem persönlichen Kampf um Erfolg im Leben inspiriert. Die Waffen des Soldaten drücken als Phallussymbole sexuelle Bedürfnisse aus.

566 SEEMANN

Als Abenteurer drücken Seeleute die verwegenen Charakteraspekte des Träumenden aus. Ihr Element ist die See, ein verbreitetes Jung'sches Symbol des Unbewussten. Der Traum deutet auf den Wunsch, bisher unerforschte Bereiche des inneren Selbst zu erkunden.

567 KLEMPNER

Rohre und Ventile der Hausinstallation sind Symbole unserer Organe oder unserer inneren mentalen oder emotionalen Vorgänge. Im Zusammenhang mit Schwangerschaft steht der Klempner für den Arzt, Geburtshelfer oder Gynäkologen. Die Sorgfalt oder Ungeschicklichkeit, mit der er seine Aufgabe erfüllt, entsprechen unserem Vertrauen oder unserer Angst vor einer Erforschung unseres Inneren. Wenn wir uns selbst als Klempner sehen, deutet das auf einen Prozess der Selbsterforschung und des Versuchs, etwas zu reparieren.

568 ARZT

Der Arzt ist eine klassische Vaterfigur, erscheint der Träumende als Patient, kann er das erleben, was die Psychoanalyse Übertragung nennt, Kindheitsgefühle, die wir für Vater oder Mutter hatten oder haben, werden auf den Arzt gelenkt. Sie werden durch die Emotionen aufgedeckt, die der Arzt im Traum hervorruft: sexuelles Verlangen, Furcht oder Hass.

569 KRANKENPFLEGERIN

Das Traumbild der Krankenpflegerin ist eindeutig mütterlich. Träumer sehen sich als Krankenpflegerin und drücken damit den Wunsch nach Mutterschaft aus, oder als Patient, der bemuttert werden will. Eine dominante Oberschwester deutet auf kindliche Rivalität mit einer Schwester.

570 KELLNER ODER SERVIERERIN

Träumende sehen sich als Kellner oder Serviererin in einem Restaurant. Die Qualität ihrer Arbeit sagt etwas über ihre Beziehung zu Leuten außerhalb der Familie aus: unterwürfig oder umsichtig, effizient oder ungeschickt, höflich oder plump-vertraulich.

SIEHE AUCH
568: **Vater**
S.92; 569:
Mutter S.92

571 SEKRETÄRIN

Träumende können unsicher sein, ob der Chef oder die Sekretärin in der Rolle des Abhängigen ist. Eine Sekretärin, die einen Manager von lästigen Anrufen abschirmt, ist eine schützende Mutterfigur. Eine Sekretärin in der traditionellen untergeordneten Rolle deutet beim männlichen oder weiblichen Träumenden auf den Wunsch nach sexueller Herrschaft.

572 BEAMTER

Der »gesichtslose« Bürokrat drückt unseren Mangel an Emotion aus oder unsere Frustration über die Kälte, die wir unter Freunden und Verwandten spüren. Bürokraten symbolisieren die Maschinerie, die unseren Erfolg im Beruf oder unsere persönliche Kreativität behindert.

BAUWERKE

573 GEBÄUDE

Traum-Gebäude repräsentieren verschiedene Aspekte des Selbst und weisen auf Sorgen des Träumenden über Schwächen und Versagen. Ein brennendes Gebäude kann positive Bedeutung haben, obwohl es ein Bild der Zerstörung ist. Als Symbol der Befreiung drängt das brennende Haus den Träumenden, das zu eliminieren, was neue Wege zum Fortschritt blockiert.

574 GERICHTSHOF

Der Gerichtshof deutet auf die Vermittlergabe des Träumenden in komplizierten Konflikten unter Arbeitskollegen, Freunden oder Familienmitgliedern.

575 PALAST

Ein Palast stellt unser Streben nach verändertem Lebensstil dar oder warnt uns, eine protzige Fassade zu errichten. Eine königliche Gestalt deutet dabei auf Sehnsucht nach Sicherheit in der Familie.

576 BIBLIOTHEK

Eine Bibliothek steht meist für die Welt der Ideen und des Wissens. Bücher und Regale außer Reichweite stellen Ideen außerhalb unseres Verständnisses dar. Von einem anderen Leser gestört werden bedeutet neben Konzentrationsschwäche auch, dass die Ideen, mit denen wir uns befassen, möglicherweise unsere Aufmerksamkeit nicht verdienen.

577 WINDMÜHLE

Die Windmühle, in der Mehl für Brot gemahlen wird, stellt die tiefste Triebfeder unserer Kreativität dar. Der Träumende, der das Brot in der Familie verdient, identifiziert sich mit der Windmühle.

578 LEUCHTTURM

Ein Leuchtturm leitet Träumende durch den dichten Nebel verwirrender Ideen. Bei der Interpretation dieses Traums sollte man bedenken, dass der Leuchtturm eine Zone anzeigt, die man meiden, und nicht die Richtung, in die man fahren soll. Die Träumenden müssen sich auf ihre eigenen Ressourcen (Intelligenz oder Flexibilität) verlassen, um nicht auf Grund zu laufen. Für Freud ist der Leuchtturm ein eindeutig phallisches Symbol, das sich neben dem mütterlichen Bild des Ozeans erhebt.

579 EIFFELTURM

Die französische Hauptstadt Paris wird mit revolutionären Leidenschaften und romantischer Eleganz assoziiert. Ihr berühmtestes Wahrzeichen, der Eiffelturm, ist ein wunderbar erotisches Symbol, ein berauschendes Bild männlicher Sexualität.

580 UHRTURM

Ein Uhrturm wie »Big Ben« beim Londoner Par-
lament kann ein großartiges Symbol der
Begegnung mit dem Schicksal sein. Tickende
Uhren repräsentieren das Herz, den Gang des
Lebens. Der Uhrturm verbindet damit die phal-
lische Form und bietet ein Bild männlichen
Muts und emotionaler Entwicklung. Das klangvolle

Glockenspiel vom Big Ben – oder das Schlagen der Kirchturmuhr – erinnert an wichtige Ereignisse, an eine Hochzeit oder einen neuen Job.

581 FABRIK

Eine Fabrik repräsentiert unsere kreative Arbeit unter dem Aspekt har-
ter Anstrengung. Streik in einer Fabrik bedeutet ein
Hindernis für unsere Kreativität, etwa eine Schreib-
blockade. Ein endloses Fließband bedeutet meist
Frustration über Karriere oder Beziehung.

582 GASWERK

Der Gasgeruch droht im Traum schwefelig zu werden und macht das Gaswerk zu einem Bild der Hölle.
Auf psychologischer Ebene ist die Hölle aber ein

SIEHE AUCH

577:

Brot S.144;

580:

Parlament S.36;

Kirchen S.49;

Uhren S.249

Symbol des Unbewussten, der Träumende drückt Abneigung gegenüber einer Konfrontation mit den dunkleren Seiten seiner Persönlichkeit aus.

583 WASSERWERK

Das Wasserwerk kann Assoziationen von Wasser und Mutterleib heraufbeschwören und das ganze Traum-Gebäude in eine riesige und vielleicht erschreckende Darstellung der Mutter des Träumenden verwandeln.

584 PUB ODER BAR

Bar oder Pub präsentieren einen Bereich, an dem Träumende ihre Hemmungen überwinden können. Die gesellige Atmosphäre verstärkt den Wunsch, mit Isolationsgefühlen zu brechen. In eine Schlägerei verwickelt zu werden bedeutet, dass unterdrückte Emotionen als gefährlicher,

SIEHE AUCH

583: **Klempner** S.229; **Wasser** S.284; 588: **Fenster** S.246

unkontrollierter Zorn ausbrechen. Betrunkenheit bedeutet ebenfalls Kontrollverlust oder den Wunsch, unangenehmen Emotionen auszuweichen, statt sich ihnen zu stellen. Ein angenehmes Gefühl der Ausgelassenheit bedeutet, dass wir berauschende Erkenntnisse aufgenommen haben und optimistisch in die Zukunft sehen.

Ein **Gasthof (585)** bietet im Gegensatz zum Pub auch die Möglichkeit zu übernachten. Er hat eine ruhigere Atmosphäre als das Pub, besonders in ländlicher Lage, was den Wunsch des Träumenden nach einer sicheren Umgebung ausdrückt, in der er sich mit unterdrückten Impulsen des Unbewussten auseinandersetzen kann.

586 BAUERNHOF

In der ländlichen Umgebung eines Bauernhofs sehnt sich der Träumende nach einfacherem und bodenständigerem Leben. Als Zeichen für die Folgen so eines Lebens deutet Mist im Hof auf finanzielle oder andere Hindernisse bei der Realisierung dieses Traums.

587 HAUS

Als Symbol des Selbst repräsentiert das Haus öfter auch den Körper. Ein verlassenes, verfallenes Haus deutet auf Nachlässigkeit des Träumenden mit seiner körperlichen oder seelischen Gesundheit. Ein fest verriegeltes Haus bedeutet, dass wir für die Vorgänge um uns herum blind sind.

Träume von einem **unvollendeten Haus (588)** sind Motivation, die Anstrengungen zu verdoppeln statt zu verzagen. Nur der Selbstgefällige sieht im Selbst anderes als etwas Unfertiges. Ein halbfertiges Haus verrät unsere Wünsche: mehr Fenster zur Welt oder besseren Zugang zu unbewussten Impulsen im Fundament.

589 TÜREN

Freud und Jung sind sich einig, dass das Haus den Körper symbolisiert. In der Haustür sieht Freud das Traumbild für Körperöffnungen, Jung erklärt Türen als Ausdruck der Beziehung der Träumenden zu ihrer inneren und äußeren Welt. Eine Tür, die nach außen aufgeht, bedeutet für Jungianer das Bedürfnis des Träumenden, sich für andere zu öffnen. Eine nach innen öffnende Tür bedeutet den Wunsch, das innere Selbst zu erforschen.

590 WÄNDE

Wände bieten Schutz, halten uns aber auch in unseren Ängsten gefangen. Wir finden kurz Schutz hinter Wänden, die die Kräfte der Veränderung abhalten, aber einmal müssen wir der Realität ins Auge sehen.

591 DECKE

Im modernen Sprachgebrauch bezeichnet der Ausdruck »gläserne Decke« die Grenzen des beruflichen Aufstiegs einer Person, besonders von Frauen (oder Minderheiten), die im Traum mit dem Kopf gegen dieses Hindernis ihrer Pläne stoßen.

592 STOCKWERKE

In Jung'scher Sicht repräsentieren die Stockwerke eines Hauses unser Unbewusstes, das Bewusstsein und höhere spirituelle Ziele. Wacklige Treppen und klemmende Türen zum Keller oder zum Dachgeschoss symbolisieren die Schwierigkeiten, zum Unbewussten vorzudringen oder auf eine höhere geistige Ebene zu gelangen.

Teilnahmslos auf einer **Rolltreppe (593)** zwischen Stockwerken hin und her fahren, ist Ausdruck der emotionslosen Rolle des Träumenden in seiner Sexualbeziehung, wenn man Freuds phallischer Interpretation der Treppe folgt. Nach Jung stellt eine Treppe psychisches Wachstum dar, der Traum, gegen die Fahrtrichtung zu marschieren bedeutet Frustration über mangelnden persönlichen Fortschritt.

594 WOHNZIMMER

Im Jung'schen Schema symbolisieren die Räume eines Hauses Abteilungen des Selbst. Das Wohnzimmer ist der Bereich unseres Bewusstseins, der Teil unseres Selbst, den wir anderen am liebsten zeigen.

595 MÖBEL

Möbel symbolisieren unsere Gedanken und Gefühle. Sie säubern und umstellen bringt mehr Ordnung in

SIEHE AUCH

590: **Gefängnis** S.112; 592: **Dachboden** S.242, **Fundament** S.245; 593: **Stufen und Treppen** S.116, **Aufzug** S.116

unser Leben. Zerstörte, in Unordnung gebrachte Möbel, drücken emotionale Krisen und Störungen im Familien- oder Berufsleben aus.

Ein **unmöbliertes Haus (596)** bedeutet düstere, trostlose Gefühle oder Gedanken. Das leere Haus kann aber auch auf einen Ort neuer Chancen hinweisen, der mit neuen Erfahrungen möbliert werden kann.

597 GARDEROBE ODER ANKLEIDERAUM

Die Garderobe, wo wir Kleider aufbewahren (die äußeren Symbole des inneren Selbst), zeigt das Bild, das der Träumende der Außenwelt von sich selbst vermitteln will – nach Jung die archetypische Persona (siehe S. 16). Wenn die Garderobe vor Kleidern übergeht, bedeutet das Extravaganz oder Exhibitionismus, ein verschlossener Ankleideraum bedeutet, dass der Träumende etwas vor den Blicken der Öffentlichkeit verbergen will.

598 KÜCHE

Die Küche verbindet Bilder von Liebe und Zuneigung, die mit dem häuslichen Herd und dem Zubereiten von Speisen für andere assoziiert werden. Männliche und weibliche Sexualität sind in den Utensilien und Gefäßen dieses Raums reichlich vertreten. Wenn in der Küche etwas verbrennt, ist das eine Warnung vor Problemen im Familienleben.

SIEHE AUCH
598: **Kochen**, **Braten** S.218, **Spülküche** S.223

599 SCHLAFZIMMER

Das Schlafzimmer wird mit Schlaf, Geburt und Sex assoziiert. Der Träumende kann darin aber auch seine letzte Ruhestätte sehen. Eltern erleben Bilder – oder Erinnerungen – ihres Todes. Ein leeres Schlafzimmer symbolisiert den eigenen Tod des Träumenden.

600 BADEZIMMER

Träumende, die in der warmen Badewanne entspannen, versetzen sich in den Mutterleib zurück. Ein Fenster, das kühle Luft ins Badezimmer lässt, erinnert den Träumenden daran, dass sein Platz in der wirklichen Welt ist.

601 DACHBODEN

Das fröhliche Durcheinander auf dem Dachboden, dem Symbol für höhere Ziele und Kreativität, drückt das Chaos der spirituellen oder kreativen Ideen des Träumers aus, die darauf warten, in geeignete Form gebracht zu werden. Ein sauberer und ordentlicher Dachboden bedeutet einen zu starren und zögernden Zugang zum spirituellen Leben.

Oft bewahren wir **Koffer, Kisten oder Schachteln (602)** am Dachboden auf, deren Inhalt spirituell bedeutsam sein kann. Der Koffer gilt als

SIEHE AUCH

603: **Tunnel** S.27; 605: **Mauern** S.238, **Gefängnis** S.112

Aufbewahrungsort für Pläne, die wir beiseite geschoben haben. Der Traum ist eine Aufforderung, diese Ziele wieder aufzunehmen, statt sie verstauben zu lassen. Für lang verborgene Ambitionen kann der Überseekoffer ein Schatzfund sein, der Erfüllung bedeutet – oder er gleicht einem Sarg, der zeigt, dass es Zeit ist, unrealistische Ziele zu begraben.

603 KAMIN

Der Kamin ist traditionell die Verbindung vom Feuer der Hölle zum Weg der Hexen an ihrem Sabbat. Das Bild betont männliche oder weibliche Sexualität, je nachdem, ob der Kamin von außen oder von innen gesehen wird. Der Träumende im Kamin hat buchstäblich oder metaphorisch Klaustrophobiegefühle.

604 GARTENTOR

Für einen Träumenden, der zu sehr von Büroarbeit oder Stadtleben in Anspruch genommen wird, bedeutet das Gartentor eine willkommene Einladung in eine natürlichere Umgebung.

605 ZAUN

Manche sehen den Zaun als Schutz vor ungebetener Neugierde Fremder. Der Zaun ist aber auch Warnung vor übertriebener Introvertiertheit und fehlenden Kontakten mit bereichernden Ideen der Außenwelt.

606 GEWÄCHSHAUS

Ein Glashaus voller exotischer Pflanzen projiziert das Bild des Unbewussten, das die uneingestandenen Instinkte des Träumenden unter Glas und unter Kontrolle hält. Der Träumer will einen Blick auf die tropische Wildnis machen, ohne sich der Gefahr des realen Dschungels auszusetzen.

607 QUELLE

Die Quelle ist als Ursprung des Lebens, ewiger Jugend und Weisheit reich an mythologischer Symbolik. Der Träumende sieht die Quelle als Symbol der Ermutigung und neuer Hoffnung nach einer Periode der Depression oder Trauer. Die Traumquelle bedeutet

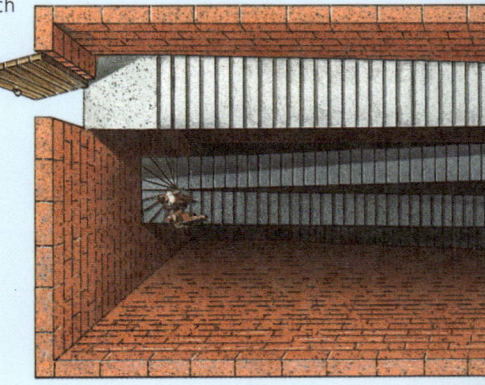

SIEHE AUCH

606: **Dschungel**

S.299; 607:

Wasser S.284

den Anfang neuer Kreativität eines Künstlers, dessen Inspiration zu versiegen drohte. Als Ursprung des Lebens steht die Quelle für die Mutter des Träumenden.

608 FUNDAMENT

Das Fundament symbolisiert das Unbewusste, in dem wir unsere Bedürfnisse und Impulse erforschen, die ihren Weg ins Bewusstsein suchen. Ein **Keller (609)** hat ebenfalls diese Symbolik des Unbewussten, als Vorratsraum für Wein und Speisen weckt er aber explizit fleischliche Instinkte.

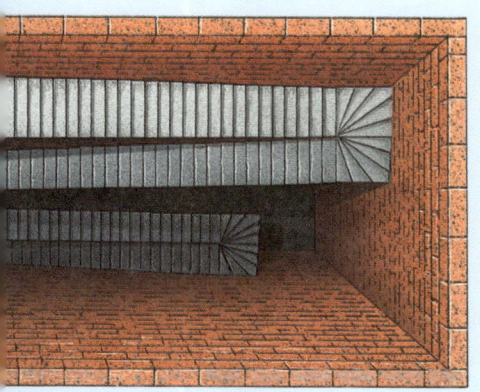

610 GARAGE

Die im Leben traditionell männliche Domäne der Garage ist als Abstellplatz für das Auto aber ein Traumsymbol für weibliche Sexualität. Der Träumende, der das Auto fixiert, befasst sich mit Sexualproblemen seiner Beziehung.

611 FENSTER

Wie Türen sind auch Fenster in Freud'scher Interpretation ein weibliches Sexualsymbol. Für Jung bieten Fenster einen Blick auf die Außenwelt. Fenster öffnen bedeutet, sich auf neue Ideen einzulassen. Anderen ins Fenster schauen ist die Handlung einer Person, die sich – bis zum Voyeurismus – für das Leben und die Ideen anderer interessiert, statt die eigene Situation zu analysieren.

612 VORHANG

Ein Vorhang drückt den Wunsch aus, unsichtbar zu sein und sich von der Außenwelt zurückzuziehen, er ist aber auch ein Zeichen der Bescheidenheit und kann das Gegenteil bedeuten: einen exhibitionistischen Wunsch des Träumenden.

613 BALKON

Der Balkon ist das klassische Freud'sche Symbol der weiblichen Brust – in der Umgangssprache heißt »Balkon« genau das, und das französische »balconnet« bedeutet Büstenhalter. Träumende auf dem Balkon wünschen vielleicht die Rückkehr an die Brust der Mutter. Der männliche Träumende, der vom Balkon winkt, protzt mit seiner privilegierten Position in der ödipalen Rivalität mit seinem Vater.

614 BURG

Als eine Art von Haus und somit Repräsentation des Träumenden kann eine Burg Festung, Palast oder Gefängnis, manchmal auch alles zusammen sein. Die offenkundige Sicherheit, die wir hinter den dicken schützenden Außenmauern spüren, geht auf Kosten emotionaler Reife und lohnender Beziehungen.

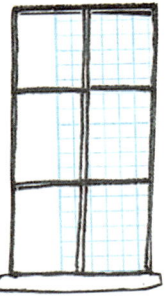

Eine **Ruine (615)** repräsentiert Zerstörung und Vergangenheit. Sie kann ein Zeichen dafür sein, dass wir bereit sind, veraltete Denkmuster aufzugeben und der Welt mit neuem Selbstvertrauen zu begegnen.

616 STALL

Der Stall ist ein sicherer Ort. Als der Platz, an dem wir ein Pferd halten, das für Freud die einschüchternde Seite unseres Vaters symbolisiert, enthält der Stall unsere Ängste vor dem Vater. Der Stall bedeutet unterdrückte Sexualität, da das Reiten nach Freud ein Symbol für Sex ist. Für Jung bedeutet das Pferd das »Einspannen« von Naturkräften durch die Menschen, der Stall ist der Ort, an dem der Träumende diesen Kräften vertrauensvoll begegnet.

SIEHE AUCH
611: **Türen**
S.238; 613:
Gefängnis
S.112, **Palast**
S.233, **Haus**
S.237; 616:
Reiten S.134,
Pferd S.327

617 TURM

Der Turm ist laut Freud ein Phallussymbol und in seiner Standhaftigkeit Ausdruck des sexuellen Selbstbewusstseins des männlichen Träumers. Unser Wunsch, uns dort oberhalb der Welt und ihrer Sorgen einzuschlie-ßen, bedeutet auch eine Art Selbsteinkerkerung in unseren

eigenen Ängsten. Der befestigte und uneinnehmbar wirkende Turm repräsentiert auch eine imposante, aber emotional uneinnehmbare Figur im Leben des Träumenden, besonders den Vater. Der Ort, wo im Märchen junge Frauen von tyrannischen Männern gefangen gehalten werden, symbolisiert für Frauen den unterdrückenden Einfluss eines autoritären Vaters oder ganz allgemein männliche Autorität.

618 GEWÖLBE

In architektonischem Sinn erscheint eine Gewölbe-decke oft in Kirchen und Tempeln, bemalt mit Sternen und Planeten als Nachahmung des »Him-melsgewölbes«. Es weist somit auf unsere höheren spirituellen Gedanken. Ein Gewölbe erinnert auch an eine Krypta oder eine Grabkammer, es bedeutet dann Todesahnungen.

OBJEKTE

619 KISSEN

Kissen repräsentieren die beruhigende Gegenwart einer geliebten Person, die das Leben angenehmer macht und uns vor den harten Schlägen des Lebens schützt. Uns von der rauen Realität abzuschirmen ist aber vielleicht nicht immer der hilfreichste Weg.

620 LAMPE

Die Lampe ist Symbol für Leben, Wissen und Erleuchtung. Ihr helles Licht stellt ein optimistisches Bild des Wohlbefindens und der Zukunftspläne des Träumenden dar. Eine flackernde Lampe bedeutet Zerbrechlichkeit und Unsicherheit. Eine verloschene Lampe ist Symbol für Tod oder Unwissenheit.

621 UND 622 ZEITMESSER

Uhren (621) und **Armbanduhren (622)** sind Symbole des Herzens und der Emotionen. Sie erinnern an die Vergänglichkeit des menschlichen Lebens. Eine stehen gebliebene Uhr zeigt eingefrorene Emotionen des Träumenden, vielleicht in Zeiten von Trauer oder Trennung. Zeiger, die unkontrolliert dahinrasen, bedeuten, dass unsere Gefühle Amok laufen.

SIEHE AUCH
617: **Leuchtturm** S.234, **Eiffelturm** S.234, **Burg** S.247; 618: **Kirchen** S.49; 620: **Kerze** S.48, **Wesen des Lichts** S.60; 621: **Uhrturm** S.235

623 MÜLLTONNE

Der Abfall, den wir in die Mülltonne entsorgen, symbolisiert lästige Verpflichtungen, unerfreuliche Erinnerungen oder negative Aspekte einer Person, die wir gerne loswerden würden. Ein Traum, in dem wir wegwerfen, was wir als Abfall betrachten, bedeutet den Versuch, der Verantwortung zu entgehen oder den konstruktiven Wunsch nach Neubeginn.

624 KORB

Der häufig mit Obst assoziierte Korb ist ein Bild von Fruchtbarkeit und reicher weiblicher Sexualität. Je nach dem Inhalt des Korbs ist die Erotik dieses Traums Ausdruck jugendlicher Energie oder vollendeter Reife.

625 TASCHE

Die Tasche trägt die Zukunftshoffnungen des Träumenden. Eine schwere Tasche beinhaltet mehr Projekte als wir bewältigen können. Eine leere Tasche heißt nicht, dass wir keine Hoffnungen haben, sondern drückt den Wunsch nach neuen Ideen und Zielen aus.

626 TEPPICH

Ein Teppich mit deutlichem Blumenmuster kann ein Symbol für den Garten Eden sein – besonders, wenn wir uns vorstellen, dass der Baum des Lebens oder der Erkenntnis in das Muster eingewebt wurde. Wenn das Haus das Selbst repräsentiert, kann der Teppich den Abgang zu tieferen Etagen verdecken – vielleicht versucht der Träumende, die Impulse seines Unbewussten zu leugnen. Die genaue Bedeutung des Bildes hängt von den dominierenden Farben und Motiven des Designs ab.

627 SCHÜSSEL

Im Traum bedeutet eine Schüssel frisch gekochter Speisen, die zum Essen serviert werden, Ideen, die sofort angepackt werden sollten. Eine Schüssel mit Speiseresten deutet auf alte, für den Müll bestimmte Ideen.

628 FAHR- ODER EINTRITTSKARTE

Ein Ticket bedeutet Chancen. Das Traumbild beschwört eine Reihe von Wünschen herauf, die mit Reisen oder Lotteriegewinn zusammenhängen oder in denen wir Film- oder Theaterfantasien freien Lauf lassen. Wer im Traum das Ticket sucht, hat Angst, eine Gelegenheit zum Erforschen neuer Möglichkeiten im Privat- oder Berufsleben zu versäumen.

SIEHE AUCH

624, 626:

Garten Eden

S.32; 626:

Garten S.295,

Baum S.296

629 KAMERA

Wenn zu viele Dinge zu schnell passieren, gibt die Kamera dem

Träumer die Möglichkeit, ein wichtiges Ereignis im Leben festzuhalten. Der Traum, in dem man mit der Kamera ein Portrait macht, bedeutet den Wunsch, an einer Person festzuhalten, die wegzugehen droht.

630 BÜCHER

Bücher sind Symbole von Weisheit und Wissen. Bücher, die unverständlich erscheinen, bedeuten, dass der Träumende sich nicht auf seine Aufgaben konzentrieren kann oder dass er sein Interesse für die Welt der Ideen verloren hat.

631 PAPIER

Leeres Papier kann Symbol für Hoffnung oder für Verzweiflung sein. Es stellt eine Gelegenheit dar, neue Ideen zu kreieren oder die vernichtende Erkenntnis, keine zu haben. Zerknülltes oder in Stücke gerissenes Papier bedeutet das Ende eines lieb gewonnenen Projekts oder das Verwerfen veralteter Ideen.

SIEHE AUCH
630: **Bibliothek**
S.233; 632:
E-Mail-Fehler
S.38

632 COMPUTER

Der Computer hat die Schreibmaschine ersetzt, die Tastatur aber bleibt nach Freud Symbol weiblicher Sexualität, so wie die Einschübe für Disketten, CD-ROMs und DVDs. Jungianer legen ihr Augenmerk auf den Bildschirm als Projektion des im Cyberspace verbreiteten Wissens der Menschheit. Hacker entsprechen Jungs Archetypus des Betrügers (siehe S. 15), der Chaos in einer geordneten Gesellschaft anrichtet.

633 RADIO

Mit seinen Stimmen, die bei jedem Zuhörer andere Bilder hervorrufen, ist das Radio ein mächtiges Medium individueller Imagination. Das Traum-Radio wird zum Ausdruck der inneren Stimme des Träumers. Störungen statt klarer Signale zu empfangen bedeutet die Unfähigkeit, Kontakt zu unseren innersten Gedanken herzustellen.

634 FERNSEHEN

Die Rolle des Fernsehens entspricht seinem Ruf als »Fenster zur Welt«. Träumer, die sich selbst im Fernsehen sehen, versuchen Gefühle und Ideen zu kommunizieren, die sie im Leben nicht weitergeben können. Das Bild kann auch aus Eitelkeit oder Ruhmsucht entstehen oder einfach der Wunsch nach mehr Aufmerksamkeit seitens des Geliebten sein.

635 WALKMAN

Mit dem Walkman durch die Gegend gehen drückt den Wunsch nach Konzentration auf unsere innere Stimme und das Abschirmen der Dissonanzen

der Umwelt aus, ist aber auch eine Warnung vor Introvertiertheit und vor dem Vermeiden von Interaktion mit anderen.

636 KNOTEN

Als Symbol der verschiedenen Verbindungen, die wir in unserem Leben
knüpften, Beziehungen zu anderen oder zwischen Ideen, ist der Knoten
Bild des Lebens in all seiner Komplexität. Ein aufgelöster Knoten ist ein
Symbol des Todes. Einen schwierigen Knoten sorgfältig zu lösen bedeutet, sich mit den Schwierigkeiten eines Problems auseinander zu setzen
statt sie zu ignorieren. Der Knoten hat auch erotische Symbolik, für die
Ehe stellt er die personale und sexuelle Einheit des Paares dar.

637 FÄCHER

Ein bezauberndes Bild weiblicher Sexualität ist der Fächer, der die Hitze
des Träumenden kühlen oder seine Leidenschaften anfachen soll.

638 SCHUBKARREN

Ein Schubkarren bedeutet Fortschritt und das Beseitigen
ungewollter Auswüchse. Er bewegt sich nur, wenn wir
ihn schieben und wird daher mit Energie und Aktion
assoziiert. Mit allerlei Hausrat gefüllt bedeutet er, dass
wir entschlossen mit der Vergangenheit brechen.

SIEHE AUCH
638: **Rad**
S.130

639 MUSCHELN

Durch ihre Gestalt und ihre mythische Verbindung zu Venus, die aus dem Meer steigt, wie auf dem bekannten Gemälde Botticellis, stellt die Muschel weibliche Sexualität dar. Das Meer steht auch für das Unbewusste und die Fantasie des Träumers.

640 SESSEL

Der Sessel ist ein Bild weiblicher Sexualität, das Ausmaß an Bequemlichkeit, das er bietet, zeigt, wie sehr sich der Träumende mit seiner Sexualpartnerin wohl fühlt. Ein kaputter Sessel oder einer, der unter dem Träumenden zusammenbricht, bedeutet das Ende einer Beziehung.

641 SCHERE

Scheren sind ein Traumbild der Sexualität, ob männlich oder weiblich, hängt davon ab, ob sie geschlossen oder offen sind.

642 TRINKGLAS

Jungianer sehen im Glas ein Äquivalent des Heiligen Grals, der dem Träumenden spirituelle Liebe und Weisheit schenkt. Nach Freud bedeutet das Trinken aus einem Glas sexuelles Verlangen, da das Glas, wie andere Behälter, die weiblichen Genitalien symbolisiert. Ein zerbrochenes Glas bedeutet zerbrochene Jungfräulichkeit, symbolisiert durch das Zerbrechen eines Weinglases bei der jüdischen Hochzeitszeremonie.

643 HUFEISEN

Das Hufeisen als Glücksbringer stellt dem Träumenden Erfolg in Aussicht, besonders im Sexualleben. Der Traum vom Hufeisenwerfen auf eine Eisenstange macht diese Metapher explizit.

644 NÄGEL

In christlichen Zivilisationen werden Nägel mit der Kreuzigung assoziiert, sie sind Symbole von Verfolgung, Strafe, Folter, Leiden und Opfer für den Träumenden und für andere.

645 MUTTERN UND BOLZEN

»Muttern und Bolzen« lenken unsere Aufmerksamkeit auf die praktische Durchführbarkeit eines Vorhabens statt auf theoretische Spekulationen. Diese Objekte sind auch Symbole männlicher und weiblicher Sexualität.

SIEHE AUCH
639: **Wasser** S.284; 640: **Untaugliches Fluggerät** S.122; 642: **Schale** S.219, **Heiliger Gral** S.358; 644: **Jesus Christus** S.58, **Gewalt gegen das Selbst** S.180

646 HAMMER

Mit dem Hammer einen Nagel einschlagen gilt als Symbol der Willenskraft, die das moralische Urteil des Träumers lenkt. In der Mythologie war der Hammer Symbol der rohen Kraft, das Werkzeug der Kriegs- und Donnergötter bedeutet immer noch Gewalt.

647 SCHRAUBENZIEHER

Neben seiner primär phallischen Symbolik ist der Schraubenzieher das Werkzeug für die entscheidenden Schritte eines Projekts. Er symbolisiert die Entschlossenheit, der Arbeit Sicherheit und Stabilität zu geben.

648 STREICHHÖLZER

Mit Zündhölzern eine Flamme entzünden drückt den Wunsch nach Reinigung, Erleuchtung und spiritueller Liebe aus. Zündhölzer, die nicht brennen, bedeuten Frustration und spirituelle Zweifel. Verbrauchte Streichhölzer symbolisieren erloschenen Glauben.

SIEHE AUCH
646: **Nägel** S.257; 648: **Flammen** S.42; 649: **Zigarre** S.48

649 ZIGARETTE

Das Bild der beim Anzünden mit den Händen geschützten Zigarette zwischen den Lippen drückt den Wunsch nach Oralsex aus. Eine ausgedämpfte Zigarette bedeutet das Ende einer Liebesaffäre.

650 STECK- UND NÄHNADELN

Steck- und Nähnadeln stellen viele Bilder dar, alle mit sexueller Symbolik – in den Finger stechen und Blut vergießen, einfädeln und nähen. Die vom Traumbild ausgelöste Freude oder der Schmerz bedeuten Lust oder Angst vor dem Sexualakt. Steck- und Nähnadeln zusammen symbolisieren das Gefühl nervöser Erwartung.

651 HAARNADEL

Eine Haarnadel ist wegen ihrer gebogenen Form und als klassisches Symbol der Verführung durch das Herausnehmen der Haarnadel und das Öffnen des Haares ein Traumbild weiblicher Sexualität.

652 REISEPASS

Der Reisepass repräsentiert die Gelegenheit für den Träumenden, seinen gegenwärtigen Frustrationen zu entkommen. Wenn man im Reisepass das Foto eines anderen findet, bedeutet das, dass ein anderer den Job – oder den Sexualpartner – bekommen hat, um den der Träumer warb.

653 FÜHRERSCHEIN

Der Führerschein bedeutet Autonomie und Verantwortung für unsere eigene Existenz. Der Traum von der Abnahme des Führerscheins durch die Polizei weist auf den mächtigen Einfluss eines anderen – nicht unbedingt der Behörden – auf unser Leben, der uns das Schicksal aus der Hand nimmt.

654 SEIFE

Seife als Symbol von Sauberkeit drückt Schuldgefühle aus, die wir wegwaschen wollen, oder das Bedürfnis, Ordnung ins Leben zu bringen. Träumende, die in ihrer Kindheit gezwungen wurden, den Mund mit Seife auszuwaschen, sehen in diesem Traumbild eine Warnung vor Obszönitäten.

655 FLAGGE

Die Art, wie eine Flagge behandelt wird, charakterisiert die Gefühle des Träumenden für das jeweilige Land. Angezündet, zerrissen und mit den Füßen getreten bedeutet die Flagge entweder Zorn auf diejenigen, die die Flagge attackierten, oder auf das Land. Ein Flaggenmeer bedeutet starke patriotische Gefühle des Träumenden oder starke Vorahnungen von exzessivem Nationalismus.

Weniger wörtlich steht die Flagge als Stammesabzeichen für das gesamte Netz unserer Familie und Freunde. Sind wir eins mit diesem persönlichen »Stamm«? Fühlen wir uns unterstützt? Unsere positive oder negative Haltung zur Traumflagge kann unsere unbewussten Gefühle in dieser Frage enthüllen.

656 TASCHENLAMPE ODER FACKEL

Träumende verwenden Taschenlampe oder Fackel, um nach Wahrheit und Integrität in einer Welt der Ignoranz und Korruption zu suchen, wie der griechische Staatsmann Demosthenes, der mit der Laterne einen ehrlichen Mann suchte. Eine flackernde und verlöschende Fackel bedeutet Krankheit und Tod oder das Ende einst viel versprechender Hoffnungen.

657 KINDERWAGEN

Träumende, die sich in einem Kinderwagen sehen, sehnen sich nach Rückkehr zum sorgenfreien Babyleben. So wie andere Fahrzeuge ist auch der Kinderwagen ein Phallussymbol, das auf sexuelle Probleme aus der Kindheit deutet.

658 UND 659 REGEN- UND SONNENSCHIRM

Als Schutz vor dem Leben spendenden Regen deutet der **Regenschirm (658)** auf zaghafte Verweigerung körperlicher und geistiger Fruchtbarkeit. Unterm Schirm Zuflucht suchen ist eine würdelose Flucht vor Realität und Verantwortung. Als Sexualsymbol ändert der Regenschirm das Geschlecht: Offen ist er weiblich, geschlossen männlich.

Aufrecht in der Sonne unter einem **Sonnenschirm (659)** spazieren entspricht dem stolzen Bewusstsein höherer Ziele. Ein weißer Sonnenschirm mit Speichen wie Lichtstrahlen symbolisiert die Sonne selbst. Der Sonnenschirm-Traum repräsentiert kreative Inspiration.

660 PLASTIKBLUMEN

Blumen sind ein Symbol der Sexualität, Frühlingsblüten ein Bild der Unschuld, Plastikblumen hingegen stellen unser Misstrauen gegenüber den von anderen gezeigten intimen Gefühlen dar.

BILDUNG

661 SCHULE

Als Symbol von Jugend und emotionaler Unreife weckt die Schule Glücks- und Angstgefühle. Eine seit unserer Kindheit unveränderte Schule ist der nostalgische Wunsch nach Wiederentdeckung unserer

SIEHE AUCH

658: **Regen**
S.284; 659:
Sommertag
S.283

Jugendideale. Eine **verfallene Schule (662)** bedeutet das Zusammen-
brechen von Jugendillusionen. Der Traum mahnt uns, nicht in der Vergangenheit zu verweilen, sondern weiterzugehen.

663 LEHRER

Der Lehrer ist ein Traumbild von Autorität, gefürchtet oder bewundert
als Vater- oder Mutterfigur. Er hat unser Leben im Guten und im

Schlechten geformt. Ein Lehrer stellt auch die Kraft der eigenen Persönlichkeit dar, störende Zwänge des Unbewussten zu zähmen.

664 TINTE

Tinte, die von vielen instinktiv mit der Schulzeit assoziiert wird, erscheint in Träumen meist über ein Blatt Papier verschüttet. Verschüttete Tinte bedeutet, dass ein dramatischer Fehler begangen wurde. Die Farbe der Tinte deutet auf die Art des Fehlers: Schwarz symbolisiert eine böse nächtliche Tat, Rot eine Tat in Zusammenhang mit Blut – eher sexuell als gewalttätig, vielleicht auch beides.

665 SCHULTASCHE

Der von der Last einer schweren Schultasche gebeugte Träumer fühlt sich auch von der Vergangenheit belastet. Wenn wir aber die mit Büchern, Heften, Stiften, Broten und Äpfeln gefüllte Schultasche öffnen, wird unsere Wissensanhäufung zu einer positiven Erfahrung.

666 HEFTE

Sauber geführte Hefte mit unbefleckten Zahlenreihen und Vokabellisten wecken den Wunsch, eine

SIEHE AUCH
662: **Ruinenstadt** S.281;
663: **Vater** S.92,
Mutter S.92;
664: **FARBEN**
S.341–343; 665:
Schreibfedern
S.47

ähnliche Ordnung in unser Erwachsenenleben zu bringen. Übungen mit viel Gekritzel repräsentieren die innere Konfusion des Träumers, obwohl einige an den Rand gezeichnete Blumen und Flieger andeuten, dass manche kreativer mit Unordnung als mit Disziplin fertig werden.

667 KLASSENZIMMER

Im Klassenraum werden wir von unseren Mitschülern und einer Autoritätsfigur, dem Lehrer, beurteilt. Hinten zu sitzen, um den Blick des Lehrers zu vermeiden, drückt den Wunsch aus, der Verantwortung auszuweichen. Wenn wir eifrig in der ersten Reihe aufzeigen, sehnen wir uns nach Aufmerksamkeit und nach einer Chance, uns zu beweisen.

668 SPIELPLATZ

Der Spielplatz ist die Welt der Erholung. Träumende, die nicht mit anderen Kindern spielen, zeigen ein emotionales Vakuum in ihrem Leben. Wer lieber auf dem Spielplatz bleibt, als ins Klassenzimmer zurückzugehen, äußert damit Ablehnung seiner aktuellen Arbeitsbedingungen und eine Vorliebe für sinnliche statt für intellektuelle Ziele.

669 MOBBING

Im Mobbing-Traum identifizieren wir uns eher mit dem Opfer als mit dem Schläger und lassen alte Erinnerungen an Schulerlebnissen aufleben. Der Schläger repräsentiert auch einen aggressiven oder dominierenden Elternteil oder Partner. Der Traum enthüllt den Wunsch zu herrschen oder beherrscht zu werden, vielleicht in einer homosexuellen Beziehung, wenn Schläger und Opfer vom selben Geschlecht sind.

670 TAFEL

Die Tafel stellt in Weiß und Schwarz – den Symbolen von Licht und Schatten – die Ideen dar, die den Träumer durchs Leben führen. Die Erkenntnisse stehen vor schwarzem Grund, der ständigen Erinnerung an die spirituelle Leere, auf der die Menschen ihre Spuren hinterlassen müssen. Die unbeständige **Kreide (671)** ist eine Mahnung vor Starrheit. Das Geschriebene auszulöschen bereitet den Weg für neue Erkenntnisse.

Nach Freud führt das Kreidestück den Träumer aus der spirituellen Welt der Schultafel zum irdischen Bereich männlicher Sexualität. Die Kreide halten bedeutet masturbieren, die Kreide brechen Kastrationsangst.

672 SCHULBANK

Die Schulbank repräsentiert unseren persönlichen Bereich, unser privatestes Selbst. Durch Markieren unseres Territoriums mit in den Tisch eingravierten Initialen drücken wir unser Bedürfnis aus, unsere

SIEHE AUCH
667: **Prüfungen** S.188; 669: **Beherrschung** S.45

Identität vor der Außenwelt zu bekräftigen. Im Bankfach wühlen symbolisiert den Sexualakt, da das Bankfach
als Behälter auch ein Bild weiblicher Sexualität ist.

673 COLLEGE ODER UNIVERSITÄT

Egal, ob der Träumer derzeit ein College besucht oder nicht, es ist eine
Arena höheren intellektuellen und spirituellen Strebens. Traditionelle
Universitätsgebäude mit gotischen Türmen und Efeu bedeckten Mauern
bedeuten Respekt vor dem Lernprozess. Ein kühles, unpersönliches
Betongebäude bedeutet Entfremdung.

Der Traum von einer feierlichen **Diplomverleihung (674)** zeigt, wie
wir unseren intellektuellen und spirituellen Fortschritt wirklich empfinden. Gehören wir zu den Ausgezeichneten und Gefeierten? Oder beobachten wir unzufrieden vom Hintergrund der Halle aus den Erfolg der
anderen? Ein Zeichen, dass wir uns nicht mit genü-
gend Weisheit bekleidet fühlen ist, im Traum ohne
unsere Roben oder ganz nackt aufzutreten.

675 BESTRAFUNG

Träume von einer Bestrafung in der Klasse bedeuten
Unterwerfung unter die strenge Vaterfigur des
Lehrers. Körperliche Strafen für absichtliches Fehl-

SIEHE AUCH
673: **Prüfungen**
S.188; 675:
**Sadomaso-
chistische
Aktionen** S.45

verhalten deuten auf den Wunsch nach masochistischem Sexualvergnügen. Mildere Strafen für schlechte Leistungen – Nachsitzen – deuten auf Schuldgefühle über nicht erfüllte Verpflichtungen in Familie oder Beruf.

676 SCHULGLOCKE

Die Schulglocke dringt in unsere Träume oft anstelle des Weckers ein. Wenn die Glocke zum Unterrichtsende läutet, fühlen die Träumenden Erleichterung über das Ende einer kritischen Periode in ihrem Leben. Die Glocke am Ende der Pause weckt Bedauern, dass ein glücklicher Moment zu Ende geht.

677 SEMESTERSCHLUSS

Die Freude über das Ende einer harten Arbeitsperiode wird vom Bedauern über den Verlust von Stimulation und Zusammengehörigkeit getrübt. Die Feier bedeutet auch freudige Erwartung der nächsten Stufe unserer persönlichen Entwicklung.

THEATER UND ZIRKUS

678 BÜHNE

Wie Shakespeare sagte: »Die ganze Welt ist eine Bühne.« Eine Traum-Bühne stellt eine Welt der Illusionen in die andere, in die Welt der Träume. Die Bühne drückt dabei unsere Anstrengungen aus, Erscheinungen zu verstehen. Wenn wir selbst auf der Bühne stehen, machen wir uns im Leben Sorgen um unseren Eindruck auf andere – und auf uns selbst.

679 THEATERSTÜCK

Ein Traumstück enthüllt oft die Gedanken und Gefühle, die der Träumende am wenigsten akzeptiert. Unser Unbewusstes gebraucht die Handlung

> **SIEHE AUCH**
> 678: **Maske tragen** S.23

eines Traum-Stücks, um die extremsten und unangenehmsten Gefühle auszudrücken, die wir im Wachzustand mit Gewalt aus unserem Bewusstsein ausschließen. Wir werden so auf mächtige Emotionen aufmerksam, die in den melodramatischen Wendungen des Dramas ihren Ausdruck finden, das sich auf der Bühne vor uns abspielt. Sehen wir unser Leben grundsätzlich als Komödie, Tragödie, Farce oder Fantasiegeschichte, oder eher als eine Kombination all dieser Elemente?

680 SCHAUSPIELER ODER SCHAUSPIELERIN

Schauspieler erscheinen als Ausdruck des öffentlichen Bildes des Träumers, im Sinn von Jungs archetypischer Persona (siehe S. 16). Eine Person im Stück verkörpert die höchsten Ziele und niedrigsten Impulse des Träumers. Buhrufe oder Applaus zeigen, wie gut – oder auch wie scheinheilig – die Rolle die wahre Natur des Träumers verbirgt. Ein bewunderter Star kann Vater oder Mutter oder unser Streben nach Glanz symbolisieren.

681 KOMÖDIANTEN

Komödianten sind eine abgeschwächte Version von Jungs archetypischem Trickster (siehe S. 15). Gewöhnlich nicht so brutal und unverschämt in ihrer Rebellion gegen die Gesellschaft, machen sich

Komödianten doch über etablierte Autoritäten und vielleicht über die Eitelkeiten des Träumers selbst lustig. Der Träumende beneidet die Komödianten um ihre rebellische Natur.

682 FILMPRODUKTION

Ein Träumer, der in einem Film spielt, versucht den Ausdruck unbewusster Bedürfnisse – Totschlag, Ehebruch, Mord, Inzest –, deren er sich schämt, mit Glamour zu kaschieren. Der Traum vom Film bedeutet den Wunsch, sich von dem, was auf der Leinwand dargestellt wird, zu distanzieren, gleichzeitig warnt er davor, die Verantwortung für wichtige Taten im Leben zu verleugnen.

683 STUNTMAN

Leute, die Stunts ausführen, spektakuläre Szenen mit Todes verachtendem Mut, sind Projektionen unserer Ängste vor übertriebenen Anforderungen an unsere Gefühle oder an unser Berufsleben. Von einem Zug abspringen, der ins Verderben rast, bedeutet zum Beispiel die Flucht aus einer Sexualbeziehung. Das Gefühl, im Beruf übergangen zu werden, wird von der typischen Anonymität der Stuntmen verstärkt – nur der Star erntet den Ruhm.

SIEHE AUCH
680: **Maske tragen** S.23,
Eine Rede halten S.206,
Unruhige Zuhörer S.206;
681: **Clowns** S.276

684 TV-TALK-SHOW

Eine Talk-Show drückt das Verlangen nach Ruhm aus und das Gefühl, dass unsere Meinung nicht die verdiente Aufmerksamkeit bekommt.

685 TV-QUIZ

In einem TV-Quiz aufzutreten ist Symptom geringen Selbstwertgefühls und der Frustration darüber, dass unsere Talente nicht richtig belohnt werden. Wenn es um viel Geld geht, drückt der Traum Geldsorgen aus.

686 ZIRKUS

Das Schauspiel in der Manege umfasst das gesamte wechselhafte Spektakel unseres Lebens, von Mut und Kühnheit bis zur Komödie, zu animalischen Leidenschaften und zur allgegenwärtigen Furcht vor dem Unvorhersehbaren und dem Tod. Eine leere Manege spiegelt unser Gefühl, dass das Leben an uns vorbeigeht – sie kann aber auch die erwartungsvolle Arena neuer aufregender Möglichkeiten sein.

687 ZAUBERER UND MAGIER

Zauberer vollführen Meisterleistungen von Illusion und Geschicklichkeit. Sie gewinnen unsere Bewunderung durch ihre Fertigkeiten, nicht durch mystische Kräfte, sie warnen uns vor jemandem, dessen Charisma bloß oberflächlich sein könnte.

688 FEUERSCHLUCKER

Der Feuerschlucker beschwört das Bild des Ausbruchs inneren Zorns herauf. Er befreit sich von seiner destruktiven Kraft und präsentiert das Feuer als kontrollierte und gezähmte Energie.

689 JONGLEURE

Die Geschicklichkeit des Jongleurs symbolisiert unser Gefühl, mit verschiedenen Aspekten unseres Lebens »jonglieren« zu müssen, um mit unseren Verpflichtungen fertig zu werden.

690 CLOWNS

Clowns sind ein wesentliches Element des archetypischen Tricksters (siehe S. 15), der mit Selbstironie die Verrücktheiten und Absurditäten sozialer Konventionen parodiert – und auch die Ambitionen des Träumers.

691 AKROBATEN

Oft symbolisieren Zirkusakrobaten in einer Partnerschaft von Mann und Frau die gleichberechtigte Verbindung männlicher und weiblicher Stärke und Anmut, basierend auf vollkommenem Vertrauen. Wenn wir und unser Partner diese Akrobaten sind, will uns das Unbewusste sagen, dass wir unseren Seelenfreund gefunden haben. Mit einem Sturz zeigen uns die Akrobaten, dass man für Harmonie in der Beziehung auch Risiken eingehen muss.

692 LÖWENBÄNDIGER

Nach Jung zeigen gezähmte Tiere die beeindruckenden Resultate, die man erreichen kann, wenn man an seinen primitiven Bedürfnissen arbeitet. Der Löwenbändiger behandelt die Wildheit mit Zärtlichkeiten und überzeugendem Flüstern. Der Traum zeigt, dass es nützlicher ist unsere Grundinstinkte zu erforschen und zu bearbeiten, als sie gewaltsam zu unterdrücken. Wenn wir im Löwen jemanden aus unserer Nähe zu erkennen glauben, möchten wir unrealistischer Weise seine Spontaneität und Leidenschaft einschränken. Die Peitsche des Dompteurs drückt sadomasochistische Wünsche aus.

Für Jungianer drücken auch Tierdressuren von

SIEHE AUCH
688: **Feuer** S.285; 692: **Sadomasochistische Aktivitäten** S.45, **Peitsche** S.46, **Löwe** S.320;

Pferden, Elefanten oder Robben (693) Grundinstinkte aus. Freudianer sehen in der Dressur von Tieren den Wunsch nach sexueller Herrschaft.

694 ZIRKUSDIREKTOR

Der Zirkusdirektor, der vor allem die Peitsche schwingt und Mensch und Tier kommandiert, symbolisiert die sterile, auf Furcht beruhende Macht des Operettendiktators. Er entspricht im Traum unserem Vater oder einer anderen Autoritätsfigur oder jemandem, der uns mehr Emotionen abverlangt als er zurückgibt.

STÄDTE

695 STADT

Träumende fühlen sich von der Anonymität der endlos ausgedehnten Stadt mit ihren langen breiten Straßen, hohen Gebäuden und dichtem Verkehr erdrückt. Völlig leere oder Straßen mit ausdruckslos eilenden Menschen betonen den Wunsch nach mehr Intimität. Die großen Dimensionen der Stadt wirken einschüchternd und zwingen den Träumer zum Rückzug oder sind eine Herausforderung für ihn.

SIEHE AUCH
694: **Beherr-schung** S.45;
695, 696, 697:
Haus S.237

696 KLEINSTADT

Kleinstädte haben eine humanere Dimension. Wir finden Wärme in den Cafés und den engen Straßen mit hell erleuchteten, einladenden Auslagen. Freud sieht in der Kleinstadt das Bild der Mutter, einladend oder verbietend, je nachdem, ob die Straßen hell erleuchtet oder dunkel und leer sind. Für Jung bedeutet das Bild einer unterirdischen Stadt das Unbewusste des Träumers und den Drang, Verbindungen mit dem Rest der Menschheit durch archetypische Szenarien zu erforschen.

Einige interpretieren Städte als Repräsentation des Selbst, wie ein Haus, nur in größerem Maßstab. So wie wir uns dort fühlen, entspricht unserem Optimismus und Wohlbefinden oder unserer Unzufriedenheit und Angst.

697 UND 698 SLUMS UND REICHE VIERTEL

Heruntergekommene **Slums (697)** mit schmutzigen Straßen und verfallenen Häusern stehen für soziale Beziehungen, deren wir uns schämen. Vielleicht sucht der Träumer auch nach größeren Herausforderungen und ehrlicheren Beziehungen – unter Missbilligung durch Freunde und Verwandte, die sich mehr um den äußeren Eindruck sorgen. Wenn man die Stadt als Repräsentation des Selbst sieht, zeugt es von geringer Selbstachtung, wenn wir uns als Slumbewohner erleben. Unsere Begeisterung, Gebiete zu erforschen, die von den meisten gemieden werden, enthüllt aber auch den verborgenen Wunsch, uns mit allen Facetten unseres wahren Selbst auseinander zu setzen und sie zu verstehen.

Wenn wir hingegen im Traum in einem **reichen Viertel oder Vorort (698)** leben deutet das auf unser generell optimistisches Gefühl, dass wir vom Leben bekommen, was wir verdienen. Wenn wir aber nur durchfahren, die feinen Häuser und gepflegten Gärten bewundern und fühlen, dass wir nicht hierher gehören, bedeutet das das Gegenteil. Diese Entfremdung ist auch ein Hinweis, dass das Leben mehr ist als die Jagd nach materiellem Erfolg.

699 STADT AUF EINEM HÜGEL

Die Siedlung auf dem Hügel ist nach Jung das Bild von Weisheit, Himmel und Wohnung der Götter; aus Sicht der Religion ist sie die Hochburg der Gerechten, das Neue Jerusalem, die Himmlische Stadt. Die erhöhte Lage der Stadt drückt auch den Stolz über unseren (materiellen oder spirituellen) Fortschritt aus – und mahnt uns, nicht die Bescheidenheit zu vergessen, die unsere Füße am Boden hält.

700 BEFESTIGTE STADT

Eine befestigte Stadt bedeutet den Wunsch, Änderungen abzuwehren und neue Ideen fernzuhalten. Die Werte, die der Träumende schützen will, sind zu schwach, um der Kritik anderer zu widerstehen. Die Mauer bedeutet auch den unbewussten Wunsch nach Abgeschiedenheit. Auch die selbstlosesten Menschen brauchen Zeit für sich, um die Energien wieder aufzuladen, die sie im Dienst an anderen verbrauchen. So hingebungsvolle Menschen gestehen meist nicht gern ihre eigenen Bedürfnisse ein.

SIEHE AUCH

698: **Haus** S.237;

700: **Mauern** S.238; 701: **Verfallene Burg** S.247, **Verfallene Schule** S.264

701 RUINENSTADT

Eine Ruinenstadt symbolisiert die Vernachlässigung von Beziehungen. Dieses Traumbild deutet auch auf beschädigte frühe Ideale und Ziele, die wieder aufgebaut werden müssen, wenn sie weiter gelten sollen. Alte Ruinen drücken unsere Sehnsucht nach einer unwiederbringlich verlorenen – und vielleicht überidealisierten – Vergangenheit aus.

702 DORF

Ein Dorf symbolisiert eine enge Gemeinschaft mit einfachen traditionellen Werten, reich an zwischenmenschlichen Kontakten. Diese Idee ist für Träumende attraktiv, die vom hohen Tempo und unpersönlichem Leben der Großstadt enttäuscht sind.

ELEMENTE UND JAHRESZEITEN

703 MORGENDÄMMERUNG

Der Beginn eines neuen Tages bedeutet frische Hoffnung für den Träumer. Das Bild des Sonnenaufgangs kündet vom Gefühl, dass sich der Träumende endlich von einer langen Periode der Krankheit oder Trauer erholt. Morgen-Träume bringen auch die Erkenntnis, dass Freunde, Kollegen oder Verwandte endlich einer wichtigen Idee zuhören, die wir mitteilen wollen – oder das wir den ersten Schimmer einer aufregenden neuen Erkenntnis erhaschen.

704 TAGESLICHT

Träume von hellem Tageslicht, das durch ein
Fenster strömt, sind voll Optimismus und
bedeuten Hinwendung zu klarem Denken und
energischer Aktivität. Ein Sonnenstrahl weist
auf die wichtige Rolle eines in einem sonst dunklen Raum beleuchteten
Gesichts oder Objekts für das Leben des Träumenden hin.

705 SOMMERTAG

Das blendende Licht eines Sommertags repräsentiert den spirituellen
oder intellektuellen Schock der Erkenntnis beim Bruch mit alten Ansichten. Die Mittagssonne wird auch als aggressiv empfunden und reflektiert
vielleicht den Widerstand des Träumers gegen
Ideen, die ihm arrogant aufgedrängt werden.

706 LUFT

Luft, das Element der Freiheit und des Geists, wird
im Traum als sanfte Brise oder als erfrischendes
Gefühl des Schwebens erlebt. Luft drückt Selbstvertrauen aus und die Fähigkeit klar zu denken und
entschlossen zu handeln. Starker Wind deutet auf
eine Zeit des Umbruchs in unserem Leben.

SIEHE AUCH
706: **Fliegen
ohne Hilfe**
S.119, **Bade-
zimmer** S.242,
Stürme S.289,
Hurrikan S.289

707 WASSER

Wasser, ein Symbol der Kreativität, wird von Freud mit dem Mutterleib assoziiert. Der darin Schwimmende drückt seinen Wunsch aus, »wieder zu Hause« zu sein. Für Jung ist Wasser ein wichtiges Symbol des Unbewussten, in dem der Träumer die Quelle kreativer Energie findet und die Tiefen seiner Fantasie erforscht. Im Wasser strampeln bedeutet, dass sorgfältige Grundlagenarbeit notwendig ist, um nicht unterzugehen.

708 DAS MEER

Das Meer ist aus Sicht Freuds Symbol weiblicher Sexualität, die Gezeiten drücken Ebbe und Flut der sexuellen Vereinigung aus. Für Jung ist die See das Unbewusste.

709 REGEN

Leichter Regen vereint die Elemente von Wasser und Luft, Fantasie und Freiheit, um ein

neues Projekt des Träumers zu befruchten. Ein Wolkenbruch aber deutet auf pessimistisches Gefühl für die Aussicht, ein Projekt zu verwirklichen.

710 FLUT

Wie das biblische Vorbild gilt eine Flut als Vorbereitung neuen Lebens, als Neubeginn. Diese Bedeutung passt zur Freud'schen Symbolik des Wassers als Gebärmutter und zu Jungs Konzept der Sintflut als tödlich und zugleich Leben spendend. Als Mutterbild bedeutet sie das Haus, Symbol des Selbst, überschwemmende Flut, unbewusste Inzestfantasien mit der Mutter. Sie bedeutet auch, dass wir uns von den Zwängen von Schule, Arbeit, Familie oder Beziehung überwältigt fühlen.

711 FEUER

Feuer weckt starke Emotionen wie Neid, Begierde und Leidenschaft und ist ein zweideutiges Symbol – es zerstört, reinigt aber dabei und bereitet den Weg für neues Wachstum. Es spielt auf die Notwendigkeit an, beunruhigende Probleme zu klären, die eine Beziehung belasten – oder nach einem Neubeginn zu suchen. Ein brennendes Haus bedeutet das symbolische Eliminieren dessen, was einen Neubeginn verhinderte.

SIEHE AUCH

707, 708:

Ertrinken S.27,

Strömendes

Wasser S.48; 711:

Kerze S.48,

Flammen S.42

712 VERBRANNTES HOLZ

Verkohltes oder verbranntes Holz symbolisiert verglühte Leidenschaft zu einer geliebten Person oder schwindende Begeisterung für eine Idee.

713 ERDE

Sie ist ein Symbol der Fruchtbarkeit und des weiblichen Aspekts der Persönlichkeit. Boden, auf dem nichts wächst, muss umgegraben werden, um die Saat neuen Lebens aufzunehmen. Erde hält uns in Kontakt mit der Realität, wir sollten aber nicht »im Schlamm stecken bleiben«.

714 ERDBEBEN

Das Erdbeben symbolisiert aufgestaute sexuelle Leidenschaften oder, für Jung, dunkle unterdrückte Kräfte des Unbewussten, die das bewusste Leben des Träumenden zu überfluten und zu zerstören drohen. Es bedeutet aber auch die Befreiung kreativer Energien.

SIEHE AUCH
712: **Asche oder Staub** S.55; 713: **Die Erde** S.374; 715, 716: **Blindheit** S.100, **Feuer** S.285

715 UND 716 NEBEL ODER RAUCH

Nebel oder Rauch symbolisieren unser Tasten nach dem Licht der Erkenntnis. Wenn wir spüren, dass das Licht durchbrechen wird, sind wir voller Erwartung, und eher nicht verwirrt.

717 SCHNEE

Schnee kann Symbol der Reinigung sein, seine weiße Decke deckt aber auch die Komplexität und reiche Vielfalt des Lebens zu. Im Schnee gefrieren auch die Emotionen, er erinnert die Träumenden, den Menschen um sie herum mit mehr Wärme zu begegnen.

718 EIS

Eis bedeutet emotionale Starre, Gleichgültigkeit für die Gefühle anderer. Das Bild ist eine Warnung vor zu starrem Beharren auf einer Position, die den kreativen Strom der Ideen des Träumenden hemmt und Vorschläge anderer zurückweist.

719 BLITZ

Ein Blitz bedeutet Inspiration oder eine brillante Eingebung, die beeindruckend aber kurzlebig ist. Als Phänomen, das Funken auf die Erde sprüht, ist der Blitz auch Symbol des Spermas.

720 DONNER

Donner ist Zeichen einer Herausforderung, die der Träumer ängstlich erwartet. Er symbolisiert aber auch die Furcht erregende Stimme des Vaters oder einer anderen Autoritätsfigur (in vielen Kulturen ist der Donner die Stimme einer mächtigen männlichen Gottheit, des griechi-

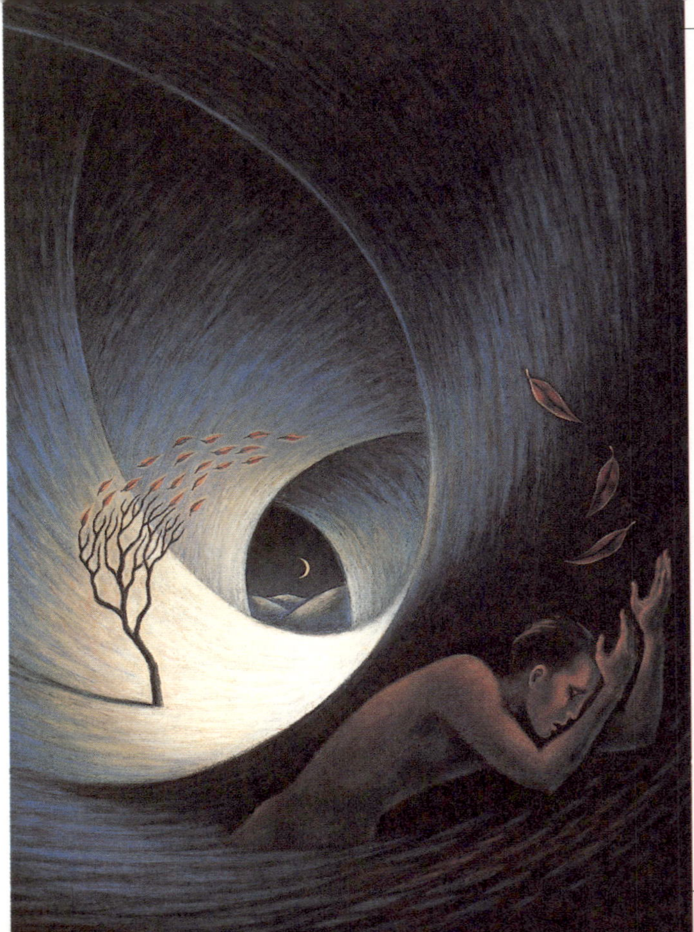

schen Zeus, des nordischen Thor – oder des Gottes der zehn Gebote). Eine oft mit dem Gewitter verbundene Wettererscheinung ist **Hagel (721)**, der als Gewissensbisse oder Mahnung zum Vollenden einer anstrengenden Aufgabe erscheint.

722 DUNKELHEIT

Einfallende Dunkelheit bedeutet, dass repressive Kräfte im Unbewussten den Träumenden hindern, sich mit wichtigen aber unangenehmen Gefühlen oder Gedanken seines Bewusstseins auseinanderzusetzen.

723 STÜRME

Stürme drücken den Zorn des Träumenden aus oder, wie der Donner, die Angst vor einer strengen Autoritätsperson. Der Traum beschwört die Erregung tumultuöser Leidenschaften herauf, die für den Träumer eine willkommene Abwechslung in der alltäglichen Routine sind.

Ein tropischer Sturm oder **Hurrikan (724)** wird oft mit einem göttlichen Wesen gleichgesetzt, dessen Begegnung der Träumer fürchtet – oder ersehnt. Ein Hurrikan oder **Tornado (725)**, der Häuser niederwalzt und Fahrzeuge durch die Luft wirbelt, symbolisiert die Verletzbarkeit der materiellen Welt oder unsere eigene Unsicherheit.

SIEHE AUCH
722: **Blindheit** S.100; 723: **Luft** S.283; 726: **Nebel oder Rauch** S.286

726 WOLKE

Wolken verdunkeln die Erkenntnis. Das bekannt Bild,

in dem man auf einer himmlischen Wolke schwebt, macht dem Träumer die Idee des Todes erträglicher.

727 DÄMMERUNG

Dämmerung blickt auf den Tag zurück und vor zur Nacht, es ist die Zeit, in der Dinge nicht so erschreckend scheinen, wie sie vielleicht sind.

728 BLAUER HIMMEL

Blauer Himmel bedeutet spirituelle Ziele und Andeutungen eines unendlichen Gottes. Blauer Himmel, der Fröhlichkeit ausdrückt, kommt selten ohne eine Wolke hie und da aus, die den Träumer daran erinnert, dass er das Glück genießen soll, solange es dauert.

729 REGENBOGEN

Für Jungianer ist der Regenbogen das spirituelle Symbol der Auferste-hung, Vergebung und Verheißung und der Suche des Träumenden nach Selbsterkenntnis. Der Regen-bogen ist eine Brücke zwischen Himmel und Erde. Ein Traum-Regenbogen, der von der Erde zum Him-mel und zurück zur Erde reicht, erfüllt den Träumer mit Optimismus über die hochfliegenden Chancen seiner irdischen Kreativität.

SIEHE AUCH

730: **Strand**
S.153; 733:
Symbole des Todes S.108

730 SAND

Der Körper, der tief im warmen Sand einsinkt, deutet auf das Bedürfnis nach Ruhe, Sicherheit und Erholung, verbunden mit dem Wunsch nach Rückkehr in den Mutterleib, dessen Symbole Sand und Wasser sind. Sand ist ein häufiges Traumbild der in der Sanduhr oder durch die Finger verrinnenden Zeit. Der Begriff der Vergänglichkeit wird im Bild der vom Meer überschwemmten **Sandburg (731)** verstärkt.

732 HERBSTLAUB

In Träumen sind fallende Blätter das klassische Symbol für Melancholie und Todesängste, so wie am Boden liegendes Laub Verfall symbolisiert. Strahlend rote und gelbe Blätter deuten auf die Verjüngung, die auf Herbst und Winter folgt.

733 ERNTE

Die Ernte bedeutet die Erwartung des Träumenden, die Gewinne aus einer Periode intensiver Aktivität ernten zu können. Die Erntezeit erinnert auch an das im Sensenmann verkörperte Bild des Todes. In diesem Sinn bedeutet Ernte auch den Beginn eines neuen Lebenszyklus und die Suche nach neuen Chancen. Das mit dem Ende des Sommers assoziierte **Heu (734)** symbolisiert eine Gelegenheit, verbunden mit dem Ausdruck, »Man soll das Heu ernten, wenn es reif ist«.

LANDSCHAFTEN

735 LÄNDLICHE GEGEND

Eine idyllische, Sonnen durchflutete Landschaft mit Wiesen, Bäumen und einem plätschernden Bach ist Ausdruck der Sehnsucht des Stadtmenschen nach gutem Leben. Die selbe Landschaft bei Schlechtwetter warnt vor der harten Realität, die der Wunscherfüllung im Weg steht.

Ein **Blick auf die Landschaft (736)** aus der Entfernung oder durch ein Fenster betont den etwas überidealisierten Charakter unserer Sehnsucht nach der Natur.

737 HÜGEL

Hügel, die sich am Beginn der Zeiten aus der weiten einförmigen Ebene erheben, sind die erste Manifestation der Schöpfung der Erde. Sie bieten nicht die gleichen Herausforderungen wie Berge, sondern gewahren die menschliche Dimension des Sakralen und lassen Selbsterkenntnis als lösbare Aufgabe erscheinen.

738 BERG

Berge, deren Konturen oft einer weiblichen Brust gleichen, sind nach Freud ein Bild weiblicher Sexualität. Der zum Gipfel aufblickende Träumer drückt seine Angst vor der Konfrontation mit dieser Sexualität aus, von der Spitze herabblicken ist Zeichen eines Gefühls der Überlegenheit. Für Jung bietet die Bergspitze eine höhere Sicht des Selbst; von unten zum Gipfel

schauen deutet auf die gewaltige Herausforderung der Auseinanderset-
zung mit allen Aspekten unserer Persönlichkeit.

739 WALD

Die Dunkelheit und die dichte Vegetation machen den Wald zu einem
Symbol des Unbewussten und seiner verborgenen Impulse. Jung be-
trachtet die Angst vor dem Eindringen in einen Wald als Angst des
Träumers vor Enthüllungen des Unbewussten. Für Freud ist das Eindrin-
gen eine sexuelle Handlung, die üppige Vegetation ein Symbol für
Schamhaar.

740 OBSTGARTEN

Wie die Früchte auf den Bäumen ist auch der Obstgarten ein Bild der
Schwangerschaft. In intellektuellem und spirituellem Sinn erinnert ein
Obstgarten mit unreifen Früchten an die zum Erreichen der Ziele
notwendige Arbeit. Im Gras verfaulendes Obst bedeutet, dass der
Träumer Erfolgschancen vergeudet, weil er mit der Umsetzung seiner
Ideen zu lange wartet.

741 WEINBERG

Im Weingarten ernten wir die Früchte, die als Wein unseren Geist beflü-
geln. Er bietet uns daher die Chance, die alltägliche Routine des Lebens

mit Heiterkeit zu erfüllen. Es erwartet uns aber viel mühselige Arbeit beim Einbringen der Weinernte.

742 OLIVENHAIN

Ölbäume sind Symbole für Frieden, Reinheit und Sieg. Der Olivenhain bedeutet Triumph über Widerstände, über Familienkonflikte oder inneren Zwist. Der Träumende sieht einer Periode der Kreativität entgegen.

743 ZAUN

Über einen Zaun steigen ist wie das Reiten auf einem Pferd ein verbreitetes Traumbild des Sexualakts. Der Zaun kann auch als Tor zwischen zwei Welten gesehen werden, als Einladung, ein Hindernis zu überwinden.

744 GARTEN

Der Garten gilt als Bild spiritueller Harmonie, der Traum beinhaltet aber auch die Erinnerung an den Garten Eden als verlorenem Paradies. Der Garten schließt den schwierigen Prozess der Selbstentdeckung ein, symbolisiert durch den Baum der Erkenntnis, durch das in den Baum des Lebens gelegte Streben nach Unsterblichkeit und durch die fleisch-

SIEHE AUCH
739: **In dichter Vegetation verloren** S.22, **Baum** S.296; 744: **Garten Eden** S.32

lichen Versuchungen durch die Schlange unseres Unbewussten. Freud sieht den Garten als Bild weiblicher Genitalien, wobei der Träumer auch alle mit dem Garten Eden verbundenen Ängste erlebt.

Der **Park (745)**, ein Element der Stadt, repräsentiert die Konzeption des Paradieses als Gemeinschaft. Fortschritte zur Selbsterkenntnis und der Umgang mit Gefühlen werden zu einer Sache aller.

746 BAUM

Als Verbindung von Erde und Himmel ist der Baum in vielen Kulturen ein Symbol des Kosmos. Tief im Unbewussten verwurzelt, ist der Stamm der solide Körper, dessen Äste zur höheren Erleuchtung des Himmels emporreichen. Das Bild erinnert auch an den Baum der Erkenntnis oder des Lebens im Paradies oder an das Kreuz, an das Jesus geschlagen wurde, und das auch oft als »der Baum« – Symbol von Opfer und Auferstehung – bezeichnet wird. Der Baum ist auch die Familie der Menschheit, er trägt die Früchte der Zivilisation.

SIEHE AUCH
746:
Garten Eden
S.32,
Wald S.294

747 IMMERGRÜNE BÄUME

Immergrüne Bäume werden mit dem Baum des Lebens im Garten Eden symbolisiert und in der Folge mit dem Kreuz Christi. Als Symbole des ewigen Lebens und der Auferstehung mahnen sie zur

Vorsicht mit den zügellosen Instinkten des Unbewussten, wenn wir spirituelles Wachstum anstreben. Obwohl er außerhalb Deutschlands erst seit dem 19. Jahrhundert als Weihnachtsbaum verwendet wird, ist der **Tannenbaum (748)** heute fester Bestandteil des Weihnachtsfests. Das Bild sagt viel über unsere Haltung zu Familienfeiern aus.

749 EICHE

Die Eiche symbolisiert Majestät und göttliche Gerechtigkeit und vermittelt das Gefühl physischen und spirituellen Schutzes. Sie ist auch ein mächtiges Symbol männlicher Sexualität, eine Vaterfigur, die eher ermutigend und tröstend als imposant oder Furcht erregend erscheint.

Eicheln (750) sind positive Phallussymbole, ein Zeichen männlicher Potenz, Fülle und Prosperität.

751 PLATANE

Die Platane, ein bedeutender Stadtbaum, ist oft das einzige Grün in einem Meer von Beton, Stahl und Glas. Der Träumer sollte mit natürlichen Gefühlen Kontakt behalten und sich vor übertechnisierter Künstlichkeit hüten.

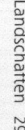

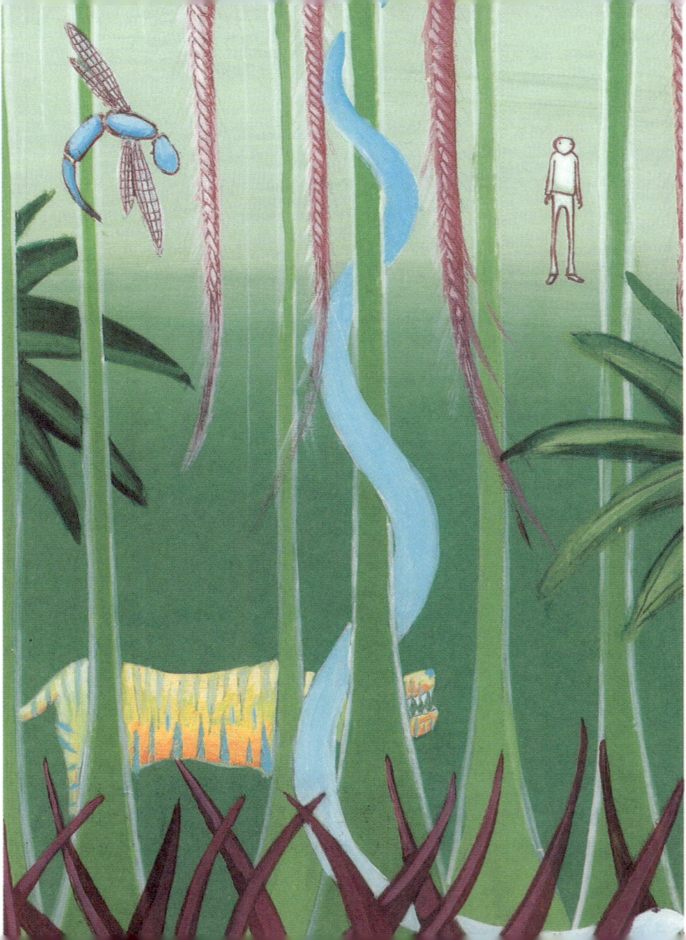

752 NÜSSE

Traum-Nüsse, die man öffnet, um ihren Kern zu genießen, sind Symbole weiblicher Genitalien. Eine schwer zu knackende Nuss ist ein schwer zu lösendes Problem.

Die **Walnuss (753)** hat weibliche Sexualsymbolik. Sie muss vorsichtig geöffnet werden, um den Kern herauszubekommen, das entspricht der Zärtlichkeit, die der Liebhaber der Geliebten schuldet.

754 PALME

Tropische Palmen sind das reinste Traumbild exotischen Lebens und luxuriöser Maßlosigkeit. Palmen wurzeln nahe dem Wasser, ihre Spitzen stehen in der Sonne, sie sind daher die glückliche Vereinigung der Mutter- und Vatersymbolik. Die mit Milch gefüllten **Kokosnüsse (755)** sind ein Symbol ursprünglicher, ungehemmter Sexualität.

756 DSCHUNGEL

Als wilde und ungezähmte Version des Walds bedeutet der Dschungel tiefere Ängste des Träumenden. Wilde Tiere, Schlangen, giftige Insekten, **Schlingpflanzen (757)** und **Fleisch fressende Pflanzen (758)** deuten auf gewalttätige, uneingestandene Instinkte, die im Unbewussten lauern.

SIEHE AUCH
756: **In dichter Vegetation verloren** S.22

759 BLÜTE

Rosa und weiße Blüten sind das Symbol der Unschuld und Jungfräulichkeit. Das kann sich spezifisch auf das Weibliche oder allgemeiner auf eine Haltung spiritueller Naivität beziehen. Das Bild von der zu Boden sinkenden Blüte bedeutet verlorene Unschuld.

760 BLUMEN

Mit ihren Blütenblättern und Stempeln sind Blumen bildliche Symbole weiblicher Genitalien – ihre häufigste Bedeutung in Träumen. Sie repräsentieren aber auch die Seele, das spirituelle Zentrum des Träumenden, dabei hängt ihre Bedeutung von der Symbolik ihrer Farbe ab – kraftvolles Rot, selbst verleugnendes Blau und so weiter.

Wilde Blumen (761) bringen ein Gefühl von Freiheit und Frische zu ihrer sexuellen oder spirituellen Bedeutung. Träumende, die wilde Blumen pflücken, wenden sich von ihrem Partner ab.

762 LOTUS ODER WASSERLILIE

SIEHE AUCH
765: **Drei** S.333;
766: **Vier** S.333

Lotus oder Wasserlilie galten in der ägyptischen Mythologie als Urblume und Ursprung der Schöpfung. Im Buddhismus ist der Lotus das Bild der spirituellen Entwicklung des Individuums: Das aus den schlammigen Tiefen der Unwissenheit aufsteigende

Bewusstsein entfaltet sich in der Sonne der Erleuchtung zu seiner ganzen Pracht. Beide Assoziationen spielen im Blumen-Traum eine Rolle.

763 CHRYSANTHEME

Die Chrysantheme ist eine Herbstblume, die Anordnung ihrer Blüten-blätter erinnert an die Strahlen der Sonne. Im Traum bedeutet diese Blume langes Leben und Selbstbestätigung.

764 ORCHIDEE

Die Orchidee, deren Name vom griechischen »Orchis«, Hoden, kommt, ist ein Fruchtbarkeitssymbol. Ihre erlesene Schönheit machte sie auch zum Bild der Perfektion und Reinheit und drückt im Traum poetische Gefühle der Sinnlichkeit aus.

765 KLEE

Als Bild von Wohlstand und Geborgenheit repräsentiert die dreiblättrige Pflan-ze Gefühle des Wohlbefindens und des spirituellen Gleichgewichts. Das vierblättrige Kleeblatt ist ein Glücks-symbol, es deutet auf Optimismus oder zu viel Vertrauen in das Glück.

766 SONNENBLUME

Die Sonnenblume, die sich immer der Sonne zuwendet, ist vielleicht zu schnell bereit, sich der Führung anderer anzuvertrauen. Aber wie der Lotus ist auch diese Blume meist ein positives Bild der Sehnsucht nach Offenheit oder spiritueller Erkenntnis.

767 KORNBLUME

Mit ihrer kühlen blauen Farbe, die mit Spiritualität assoziiert wird, bedeuten Kornblumen Ruhe und Nachdenklichkeit. Sie werden oft getrocknet aufbewahrt, ein Bild, das bedeutet, dass der Glaube des Träumenden vertrocknet ist.

SIEHE AUCH

766: **Sonne** S.374; 767: **Blau** S.341; 770: **Rote Rose** S.46, **Weiß** S.341; 771: **Schlingpflanzen** S.299; 772: **Tischgesellschaft**, S.150

768 GÄNSEBLÜMCHEN

Gänseblümchen gelten als Blumen unserer Kindheit, als wir sie zu Arm- und Halsbändern flochten, beides Bilder weiblicher Sexualität. Das Gänseblümchen im Traum drückt den Wunsch nach unverdorbener kindlicher Asexualität aus.

769 IRIS

Mit den schwertförmigen Blättern und dem langen Stiel kommen männliche Sexualsymbole zur weiblichen Blüte der Iris. Sie symbolisiert ambivalente Sexualität und oft den Archetypus des Animus (siehe S. 17), des männlichen Aspekts einer Frau.

770 WEISSE ROSE

Weiße Rosen symbolisieren die reine Seele und Jungfräulichkeit, sie stellen das Sehnen nach Unschuld dar. Im Osten ist Weiß die traditionelle Farbe der Trauer, bei manchen deutet dieses Traumbild daher auf einen Todesfall.

771 EFEU

Efeu drückt die beständige Entschlossenheit aus, eine schwierige Aufgabe fortzusetzen. Er steht auch für unwillkommene oder parasitäre Erscheinungen, die trotz ihrer scheinbaren Attraktivität allmählich unseren Seelenfrieden unterwandern.

772 STECHPALME

Gerade wenn die Christen die Geburt Jesu feiern, trägt die Stechpalme ihre roten Beeren, die die stacheligen Blätter schmücken. Sie gelten als symbolische Blutflecken der Dornenkrone – eine Erinnerung an das Leiden Christi. Die Stechpalme wird so zu einem zweideutigen Traumbild von Freude und Leid – und zum Symbol gemeinschaftlicher oder familiärer Feiern.

773 MISTELZWEIG

Dem Mistelzweig, heute zu Weihnachten ein Vorwand zum Küssen, wurden einst heilende Kräfte zugeschrieben, er symbolisierte Unsterblichkeit und Weisheit. Heute deutet er im Traum auf sexuelle Wünsche mit dem Hintergedanken ganzheitlicher Befriedigung.

774 ZYPRESSE

Die für mediterrane Landschaft typische Zypresse kommt auch häufig auf Friedhöfen vor. Sie ist somit Symbol der Sterblichkeit und Ausdruck der Hoffnung auf Wiedergeburt und Kontinuität.

775 ERIKA, HEIDEKRAUT

Erika ist Symbol der Wildnis und nach Freud auch des weiblichen Schamhaars und des Wunsches nach Sex. **Weißes Heidekraut (776)** ist ein traditioneller Glückstalisman: So wie beim vierblättrigen Klee vertraut der Träumer zu sehr auf das Glück – oder auf andere Menschen –, um sein Leben zu ordnen.

777 FARN

Als Dekoration bringen Farne die Wildnis ins Heim. Sie deuten im Traum auf gezähmte Sehnsüchte, auf Triebe des Unbewussten, die im Alltag beherrschbarer wurden.

778 EIBE

Ihr Vorkommen auf Friedhöfen verbindet die Eibe mit Tod, aber ihre Langlebigkeit und Widerstandsfähigkeit machen sie zum Symbol der Unsterblichkeit. Das feste fein gemaserte Holz der englischen Eibe eignete sich für Bogen und Schild des Schützen.

SIEHE AUCH
775: **Moos** S.46; 776: **Klee** S.301; 779: **Sand** S.291, **Ebene oder Prärie** S.306

779 WÜSTE

Weit entfernt, ein Bild der Einsamkeit und Sterilität zu sein, repräsentiert die Weite der Wüste eine Einladung an die Träumenden, das unter der Oberfläche verborgene wahre Leben zu suchen. Die Wüste ist nur steril, wenn man sie nicht als Ort der Reflexion nützt.

780 INSEL

Als sicheres Refugium symbolisiert die Insel den festen Boden des Bewusstseins, auf dem der Träumende lieber bleibt als sich an die Erforschung der Furcht erregenden Meere des Unbewussten zu wagen. Zur Insel zu schwimmen drückt den Wunsch aus, vor dem unangenehmen Unbewussten zum beruhigenden Bereich des Bewusstseins zu flüchten.

781 EBENE ODER PRÄRIE

Offene Ebenen deuten auf endlose Möglichkeiten, die der Fantasie des Träumers offen stehen, eine aufregende und beängstigende Aussicht. Der Traum fordert uns heraus, Mut und Entschlossenheit dazu zu finden.

SIEHE AUCH
780: **Einsame Insel** S.154, **Meer** S.284

782 FLUSS

Der griechische Philosoph Heraklit sagte, dass wir nicht zwei Mal in den selben Fluss steigen können, da sich sein Wasser ständig erneuert. Der Fluss ist der sich unaufhörlich ändernde Lauf des Lebens, ein befreiendes Bild, das uns erinnert, dass ständiger Wandel schön und nicht Angst machend sein kann – eine Wirklichkeit von ewiger Erneuerung und Verlust. Ein **Bach (783)** hat eine ähnliche Symbolik, das Bild des Wandels ist aber sanfter.

784 UFER

Wie die Jung'sche Interpretation der Insel stellt auch das Flussufer den sicheren Boden des Bewusstseins dar, zu dem die Träumenden zurück wollen, wenn sie im Fluss ihrer unbewussten Instinkte schwimmen. Vielleicht sitzen sie im Traum auch am Ufer und betrachten mit Zuversicht oder Angst die Wasser ihres inneren Selbst.

Ein künstlicher **Damm oder Deich (785)** deutet auf das Bedürfnis, eine stärkere Abwehr zu errichten, um nicht von einer unbeherrschbaren Flut unbewusster Bedürfnisse überschwemmt zu werden.

786 PIER

Als Abfahrtsstelle bedeutet der Pier, dass der Träumende sich auf ein neues Unternehmen einlässt. Ein verlassener Pier repräsentiert ein aufgegebenes Projekt, das wir glücklich hinter uns lassen. Sich an Bord eines Schiffs dem Pier nähern heißt, dass wir uns Gedanken über ein zu Ende gehendes Projekt machen. Lichter und Blasmusik am Pier drücken unsere Erleichterung über ein fast fertiges Projekt aus.

787 SEE

In den dunklen Tiefen des Sees, einer Metapher des Unbewussten, wimmelt es von unseren latenten Trieben, die gelegentlich an die Oberfläche unseres Bewusstseins kommen. Im Traum im See zu fischen, zu schwimmen, zu segeln oder zu ertrinken bedeutet unterschiedliche Grade von Heiterkeit oder Angst. Für Jung ist der See, wie das Meer, Symbol des Archetypus der Großen Mutter (siehe S. 17). Die ruhige Oberfläche eines **Teichs (788)** deutet auf den trügerischen Aspekt des Unbewussten – stille Wasser sind tief.

789 MOOR ODER SUMPF

Die mit Wasser gesättigte Erde ist ein besonders verräterisches Bild der Mutter. Moor oder Sumpf mit scheinbar fester Oberfläche deuten auf Schwierigkeiten beim Versuch, von einer Mutter loszukommen, die unsere Unabhängigkeit unterdrückt. **Treibsand (790)** enthüllt die trügerische Festigkeit der Realität. Träumer, die den Wüstensand erforschen, brauchen die Hilfe erfahrener Führer, die das Terrain kennen.

SIEHE AUCH

787: **Meer**
S.284; 781:
Sand S.291

791 SCHÜTZENGRABEN

Der Schutz, der im 1. Weltkrieg zur Todesfalle wurde, drückt unsere Angst aus, die gegenwärtige

Lage in Schule, Beruf oder Privatleben könnte falsche Sicherheit vermitteln. Wir spüren, dass der beste Weg, diese Ungewissheit zu beseitigen, die Konfrontation mit der Ursache dieser Angst ist. Der Schützengraben ist auch eine Warnung, nicht passiv und unbeweglich auszuharren.

792 GRUBE

Die Grube ist ein Angst erfülltes Symbol weiblicher Sexualität. Das Traumbild wird als sexuelle Falle für unachtsame Passanten gesehen. Jungianer sehen die Grube als Bild unbewusster sexueller oder sonstiger Triebe, die sorgfältig erforscht werden müssen.

793 TAL

Ein von Obstgärten und Weinbergen flankiertes Tal ist ein Symbol der Fülle, das die fruchtbaren Elemente von Erde und Wasser vereint. Das Tal ist auch der Weg zur Erleuchtung.

Eine **Schlucht (794)**, ein zerklüftetes Tal mit steilen Hängen, an die sich Bäume schmiegen

und auf dessen Grund ein Fluss fließt, stellt ein gefährliches, aber erregendes Bild weiblicher Sexualität dar. Ein Mann, der eine neue Beziehung beginnt oder eine Frau, die ihre sexuellen Abgründe entdecken möchte, wollen die Abhänge der Schlucht hinabklettern, um zu erkunden, was unten ist. Wenn man den Halt nicht verliert, erwartet man sich ein lohnendes sexuelles Abenteuer.

Das ungeheure Ausmaß eines steilen **Canyons (795)** stellt ein erdrückendes Bild einer beherrschenden Mutter dar. Am sichersten ist es, die Situation zu akzeptieren: Wenn wir schrittweise vorgehen, finden wir vielleicht eine Stelle, an der die Wände nicht so steil sind.

796 FELDER

Träume von Getreidefeldern, die geerntet werden müssen, bedeuten eine Fülle von zu erforschenden Ideen. Stoppelfelder bedeuten, dass der Träumende den Gewinn aus aktuellen Ideen eingebracht hat und sich auf eine neue Ernte vorbereitet. Vielleicht wollen wir auch nur im Feld liegen und ausspannen, besonders, wenn das Bild eine ruhige **Blumenwiese (797)** zeigt.

798 WEIZEN

Weizen symbolisiert das Geschenk des Lebens, die Saat der Menschheit und die unerschöpflichen Reichtümer der Natur. Das Bild fordert die

Träumenden auf, ein erfülltes Leben zu führen, damit sie und andere von ihrer Kreativität profitieren. Das christliche Bild vom **Samenkorn (799)** bedeutet die auf den Tod folgende Erneuerung. Jesus lehrte seine Jünger: »Ein Samenkorn bleibt alleine, bis es in die Erde fällt und stirbt; wenn es aber stirbt, bringt es reiche Frucht.«

800 GRAS

Aus spiritueller Perspektive ist der Traum vom Gras wegen der Symbolik seiner Farbe bedeutend. Grün ist Erneuerung des Lebens und Einfließen belebender Energien. Auf sexueller Ebene ist Gras ein Freud'sches Symbol für Schamhaar. Im Traum **im Gras** zu **liegen (801)** kann einfach der Wunsch sein, auszuspannen oder – wie ähnliche Träume von weichem Moos, Sand oder Wasser – in den Schutz des Mutterleibs zurückzukehren.

802 HECKE

Die Hecke kombiniert das weibliche Sexualsymbol dichter Vegetation mit dem Bild von Mauer oder Zaun als Barriere, die Schutz oder Einengung bedeuten kann. Das Bild der Hecke bedeutet, dass wir eine sexuelle Verwicklung als Einschränkung unserer Freiheit sehen.

SIEHE AUCH
798, 799: **Brot** S.144, **Ernte** S.291; 800: **Ebene oder Prärie** S.306, **Grün** S.343; 802: **Mauern** S.238

803 QUELLE

Die Quelle als Ursprung des Lebens symbolisiert Mutterschaft, aber auch die Reinheit klaren Wassers. Aus Freud'scher Sicht sieht der Träumer die Quelle als Ausbruch erfreulicher Sexualität. Nach Jung wird sie als Ursprung des inneren Lebens und der spirituellen Energie gesehen – ein Bild der Seele.

804 BRUNNEN

Der verbreitete Traum, einen Gegenstand in den Brunnen zu werfen und auf das Platschen unten im Dunkel zu warten, ist der Versuch eines Kontakts mit den latenten Trieben des Unbewussten. Wasser aus dem Brunnen holen bedeutet, einige dieser unbewussten Gefühle ans Licht zu bringen. Der Brunnen steht für die wertvollsten Talente und inneren Ressourcen des Träumers: Wenn wir entdecken, dass der Brunnen ausgetrocknet ist oder wir kein Wasser heraufholen können, bedeutet das die Angst vor kreativer Unfruchtbarkeit oder Frustration darüber, keine Ausdrucksmöglichkeit für unsere Kreativität zu finden.

SIEHE AUCH

803, 804, 805: **Wasser** S.284;

805: **Fluss** S.306, **Schlucht** S.310

805 WASSERFALL

Ein Wasserfall vereint die Bilder weiblicher und männlicher Sexualität, in denen das Tosen und

Schäumen des Wassers Orgasmusgefühle bedeuten. Die turbulente Aktivität des Wasserfalls ist auch ein mächtiges Bild des Wandels.

806 HÖHLE

Aus einer Höhle in helles Licht zu tauchen symbolisiert eine Reise spiritueller Initiation. In die Höhle hinabsteigen symbolisiert den Wunsch, das Unbewusste zu erforschen. Die Höhle ist auch Symbol des Mutterleibs, in dem wir Schutz vor den Ängsten der Außenwelt finden.

TIERE

807 WÜRMER

Als Symbole des Todes und des Verfalls sind Würmer in Träumen unerwünschte Eindringlinge, die die Zuneigung eines Geliebten stehlen oder
langsam zerstören. Würmer signalisieren drohenden Finanzkollaps.
Würmer in einer Leiche symbolisieren das Weiterleben nach dem Tod.

808 INSEKTEN

Insekten und andere kleine Geschöpfe sind häufige Traumsymbole für
kleine Kinder. Im Traum ein Insekt töten bedeutet andauernde kindliche
Feindseligkeit gegenüber Geschwistern.

809 OHRWURM

Der Aberglaube, dass Ohrwürmer ins Ohr eines Schlafenden kriechen,
bringt ihnen einen Platz unter den Angstsymbolen. Eine beruhigendere
Interpretation sieht sie als Überbringer von Geheimnissen des Geliebten.

810 WESPE

Wespen bauen ihr Nest unter dem Dach, dem Heim der höheren Ziele
des Träumers. Sie weisen auf Probleme des spirituellen Fortschritts, die
aus den skeptischen Tiefen des Unbewussten kommen: **Wespenstiche
(811)** sind für Jung gefährliche Attacken der Instinkte. Die traditionell
freundlicheren Bienen symbolisieren den süßen Lohn der Ausdauer.

812 FLIEGE

Fliegen sind ein häufiges Traumbild der unermüdlichen Ausdauer (im alten Ägypten wurden Helden mit goldenen Fliegen belohnt, die sie stolz an einer Goldkette trugen). Sie symbolisieren hartnäckige Gläubiger, aufdringliche Bewunderer oder lästige Kerle, die sich als gute Freunde ausgeben. Die Fliege ist auch ein Bild falscher Betriebsamkeit: Jemand ist immerzu beschäftigt, erreicht aber wenig.

813 MOSKITO

Moskitos repräsentieren aufwühlende Instinkte des Unbewussten, der Gewässer, in denen sie brüten. Moskitos, Symbol der Irritation, verletzen die Intimsphäre ihrer Opfer und ernähren sich von ihrem Blut.

814 MOTTE

Das Bild der Motte, die zu nahe an die Flamme heranfliegt, bedeutet, dass der Träumer – oder jemand anderer – vom Todeswunsch beseelt ist. Motten, die aus der Kleidung fliegen, bedeuten, dass alte, löchrig gewordene Argumente erneuert werden müssen.

815 SCHMETTERLING

Der Schmetterling ist ein verbreitetes Traumbild flatterhafter Unbeständigkeit. Für Jung ist dieses schöne

SIEHE AUCH
811: **Honig**
S.31, **Bienen**
S.32

und zarte Insekt aber nichts geringeres als das Symbol der Psyche – was es auch für die alten Griechen war, für die Psyche »Schmetterling« und »Seele« bedeutete. Der aus der Puppe schlüpfende Schmetterling ist auch Symbol der Auferstehung.

816 FLEDERMAUS

Die Fledermaus ist das Bild blinder Torheit und des Dämonischen. Sie lebt im Dunkel des inneren Selbst und stellt aus dem Unbewussten aufsteigenden Triebe dar, die unsere Selbsterkenntnis erschweren.

817 UND 818 KRÖTEN UND FRÖSCHE

Kröten (817), die gedrungenen und warzigen Begleiter von Hexen und Zauberern, repräsentieren die dunkleren Impulse des Unbewussten. **Frösche (818)** bedeuten Auferstehung und Erneuerung, eine von der Vermehrung ihres Laichs inspirierte Symbolik. Eine Person, die sich in einen Frosch verwandelt oder umgekehrt, wie der Märchenprinz, bedeutet Zweifel über die eigene Identität.

819 STIER

Der mächtige Stier, eines der potentesten Symbole der Männlichkeit, drückt kaum beherrschbare Gewalt aus, aber auch große kreative Kraft. Der

Stierkampf (820) bedeutet die Notwendigkeit glühende Leidenschaft zu zügeln, um unsere Ziele zu erreichen.

821 KUH

Die Kuh ist gewöhnlich ein heiteres und tröstliches Symbol von Mutterschaft und Fruchtbarkeit. Ihre Hörner gelten als Bild des Neumonds, des Symbols der Weiblichkeit des Erdtrabanten. Das Melken einer Kuh deutet auf Inzestfantasien des Träumenden mit der Mutter, besonders da die Milch Symbol des Samens ist.

SIEHE AUCH

821: **Milch**

S.147

822 REH

Die graziösen, eleganten Weibchen dieser Spezies stellen das archetypische Traumbild der Weiblichkeit in unschuldig schüchterner Form dar. Für Träumerinnen bedeutet das Bild Regression zu psychischer Infantilität. Das von einem Jäger oder Raubtier getötete Geschöpf symbolisiert das von niedrigen Instinkten zerstörte ideale spirituelle Wesen.

823 UND 824 HASE UND KANINCHEN

Die Geschwindigkeit des **Hasen (823)** und das »Boxen« in der Paarungszeit machen seinen kühnen Ruf aus. Der Hase erfüllt die Rolle des archetypischen »Tricksters« (siehe S. 15), er kann also die Luftblase der Ambitionen des Träumers zerplatzen lassen. Das **Kaninchen (824)** verbindet die verrückten, boshaft betrügerischen Eigenschaften des Hasen mit seiner eigenen Symbolik zügelloser Fruchtbarkeit, was auf überhitzte Libido oder den Wunsch nach Fortpflanzung schließen lässt.

SIEHE AUCH
825: **Ein Objekt wird zu einem anderen** S.352

825 WILDE TIERE

Für Freud bedeuten wilde Tiere Menschen in erregtem Gemütszustand. Sie repräsentieren unsere animalischen Instinkte und unterdrückten Emotionen, die wir im Unbewussten gefangen halten, und unsere tiefsten Ängste, besonders vor dem Tod.

826 UND 827 FUCHS UND KOJOTE

Die widersprüchlichen Facetten der legendären Persönlichkeit des **Fuchses (826)** brachten diesem Geschöpf in vielen Kulturen seinen Platz unter den Betrügern ein. Wie sein Verwandter, der **Kojote (827)**, gilt der Fuchs als schlau und arrogant, eigensinnig und selbstzufrieden, erfinderisch und destruktiv, witzig und dumm, mutig und scheu. Für Träumende mit spirituellen Zielen stellen diese Tiere sowohl ihre kühnen Ambitionen als auch hemmende Zweifel dar.

828 WOLF

Der Wolf symbolisiert die Wildheit unkontrollierter Impulse unseres Unbewussten, die die ersten zarten spirituellen Ahnungen des Träumers zu zerstören drohen. Der Wolf als einsamer Jäger in der Nacht stellt aber auch Mut und Größe dar, die für die Suche nach Selbstverwirklichung notwendig sind.

829 TIGER

Dem Tiger fehlt die traditionell dem Löwen zugeschriebene Würde, er ist ein erschreckendes und aggressives Traumbild von Schönheit und Grausamkeit. Er symbolisiert die gewalttätigen Impulse im Dschungel unseres Unbewussten. Träume, in denen ein Tiger gegen einen Löwen ausgespielt wird, bedeuten eine Sohn-Vater-Rivalität.

830 LÖWE

Die stolze und mächtige Erscheinung des Löwen bedeutet Würde und andere bewunderte Eigenschaften des Vaters. Der Löwe, der jagt und die Beute tötet, steht für autoritäre Tendenzen des Vaters oder für sexuelle Dominanz über einen unterwürfigen Partner. Für Briten ist der Löwe Nationalemblem und symbolisiert den Wunsch, dazuzugehören.

831 LEOPARD

Die sprichwörtliche Beständigkeit des Leoparden, der seine Flecken nie ändert und sich nicht von der Stelle rührt, bedeutet, dass aggressive und unbeherrschbare Instinkte nicht gesteuert werden können.

832 SCHILDKRÖTE

Die Schildkröte projiziert ein Bild von Ausdauer, gesundem Menschenverstand und Langlebigkeit. Der aus dem Panzer auftauchende Kopf ist ein deutliches Phallussymbol, der sich zurückziehende Kopf bedeutet feige Kapitulation oder sexuelle Impotenz.

833 SCHWEIN

Obwohl es zu den intelligentesten Haustieren gehört, ist das Schwein traditionell ein Symbol von Gefräßigkeit, Dummheit, Egoismus und Schmutz. Es repräsentiert die dunklen Triebe unseres Unbewussten und

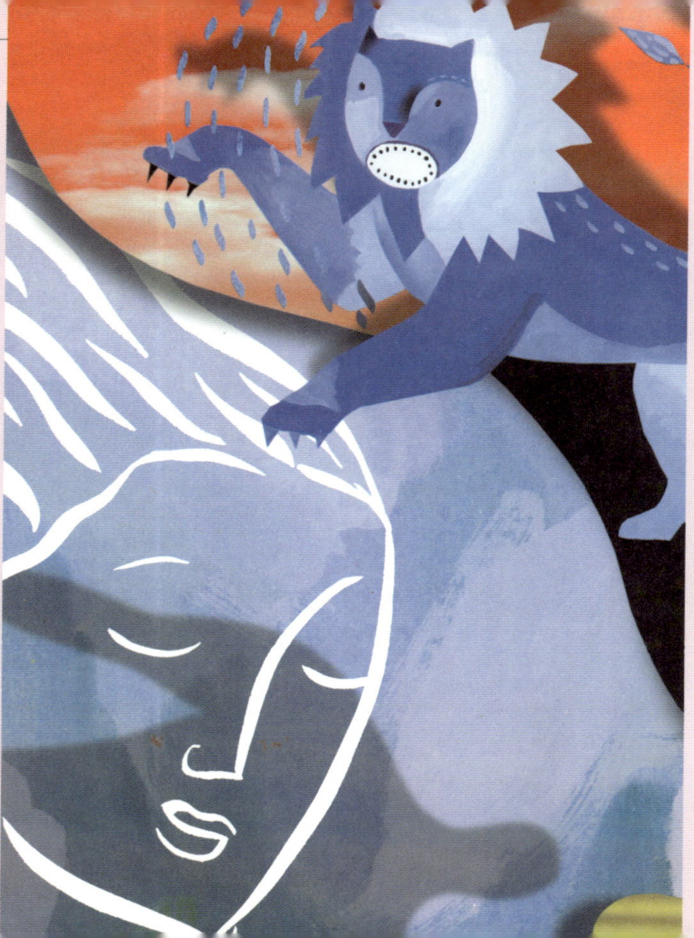

durch den Schmutz, in dem es sich suhlt, anale Fixiertheit. Träumer, die (besonders in den Sechziger Jahren) an sozialen Revolten beteiligt waren, assoziieren Schweine mit der Polizei und anderen Autoritätsfiguren.

834 ZIEGE

Der Ziegenbock hat eine für die Träumenden beunruhigende duale Symbolik. Als Personifikation des Teufels mit Hörnern und Hufen, ungezügelter Libido und stinkendem Atem deutet das Bild auf tiefe Schuldgefühle wegen unserer sexuellen Triebe. Der Sündenbock aber, der zur Vergebung unserer Sünden geopfert wird, hat die heilige Unschuld des Opfers, von dem wir wissen, dass es ungerecht bestraft wird.

835 HUND

Hunde haben eine universelle Symbolik als treue Begleiter und Führer des Menschen. Ein bösartiger Hund aber, der die hilflose Beute zerreißt, symbolisiert den Angriff ungezähmter Instinkte auf ahnungslose Vorhaben unseres Bewusstseins. Die **Bulldogge (836)** ist ein Bild unbeugsamer, aber gutmütiger Kampfeslust.

SIEHE AUCH
834: **Teufel**
S.349

837 KATZE

Die Katze verdankt ihr Traumbild ihrem Ruf, sanft und schlau zu sein. Katzen sind aber auch eigensinnig und nur dann freundlich, wenn es ihnen nützt. Wie der Hund hält sich auch die Katze gerne in der Unterwelt unseres Unbewussten auf, nicht als treuer Führer verlorener Seelen, sondern als Komplize von Hexen, die versessen darauf sind, unbewusste Triebe über unsere höheren Ziele siegen zu lassen.

838 MAUS

Die Maus ist ein eminent sexuelles Symbol, allgemein mit Schamhaar assoziiert, wenn sie aber bei ihrem Loch ein und aus schlüpft, ist sie spezifisch männlich. Die in der Falle gefangene Maus ist ein Bild der Kastration. In den Fängen der Katze symbolisiert die Maus den ersten Schritt zur Selbsterkenntnis, bei dem wir Opfer unserer niedrigen Instinkte sind.

839 RATTE

Das Bild der im Erdinneren herumwühlenden Ratte kann phallisch oder anal sein. Träumer leiden wegen ihrer Sexualität an Schuldgefühlen, Abscheu oder aufgestauter Wut. Die mit der Ratte verbundene anale Fixiertheit weist auf eine Neigung zur Habsucht.

840 ROTKEHLCHEN

Als traditionelles Symbol religiösen Märtyrertums symbolisiert der kleine rotbrüstige Vogel das unschuldige Opfer von Ungerechtigkeit.

841 PAPAGEI

Das prächtige Gefieder des Papageis und sein Talent, die menschliche Sprache nachzuahmen, machen ihn zum Symbol für jemanden, dessen Erscheinung Aufmerksamkeit erregt, obwohl er unfähig ist, von sich aus wertvolle Beiträge zu leisten.

842 TAUBE

Die Taube ist ein Symbol für Frieden und Versöhnung (wie der Vogel, der den Ölzweig zu Noahs Arche zurückbrachte) und für Liebe (das Zeichen des Heiligen Geistes).

843 PUTE

Die mit Thanksgiving und Weihnachten assoziierte Pute erinnert an mehr oder weniger glückliche Familientreffen. Ein zäher Vogel bedeutet eher Streit als Harmonie. Das Bild des Gerippes deutet auf den Wunsch, alle Scheinheiligkeit der Familie abzustreifen.

SIEHE AUCH
843: **Tischge-
sellschaft**
S.150; 846:
Weiß S.341

844 ENTE

Zu zweit schwimmende Enten, gefolgt von den Küken, sind eine Projektion des ehelichen Glücks. In den Hochzeitssuiten japanischer Hotels hängen Bilder von Entenpaaren – heute auch schon im Westen.

845 GANS

Die Gans ist ein Symbol ehelicher Treue. Als Vorboten des Wechsels der Jahreszeiten bedeuten die in Formation fliegenden Gänse eine vorweggenommene Anpassung im persönlichen oder beruflichen Schicksal.

846 SCHWAN

Der Schwan ist ein Symbol sexuellen Verlangens, weiblich in seiner weißen Jungfräulichkeit, männlich mit seinem langen phallischen Hals. Den Schwanengesang hören – Schwäne singen der Sage nach, bevor sie sterben – bedeutet Trauer oder das Ende einer Romanze.

847 GEIER

Am Himmel kreisende Geier sind häufige Traumsymbole der Todesahnung. Sie warten mit Schadenfreude auf das Ergebnis – etwa auf den Abschluss eines Projekts – von dem sie Profit erwarten. Die das Fleisch der Toten verschlingenden Geier werden auch als regenerative Kraft gesehen, die vitale Energien aus der Vergangenheit anziehen.

848 UND 849 AFFEN UND MENSCHENAFFEN

Affen (848) sind oft eine Karikatur des Träumenden, die alle Neigungen zu Gefräßigkeit, Brutalität oder Geilheit übertreiben oder ins Lächerliche ziehen. Affen projizieren aber auch ein positives Bild – lebhaft, frei, wendig und unberechenbar – für Träumer, die einer engstirnigen Existenz entkommen wollen. Im Buddhismus symbolisieren sie den ruhelosen Geist.

Menschenaffen (849), etwa Schimpansen, Orang-Utans oder Gorillas, erscheinen im Traum oft als dumme oder ungeschickte Versionen von Menschen. Aber, wie die Menschen in Borneo sagen: »Orang-Utans sprechen nicht, weil sie zu weise sind.«

850 PFERD

In Freud'scher Interpretation ist das Pferd ein mächtiges Traumsymbol der Sexualität, besonders, wenn es geritten wird. Jungianer sehen das Pferd als Symbol der vom Menschen gezähmten wilden Kräfte der Natur. Ein geflügeltes Pferd, wie der mythische Pegasus, symbolisiert die für psychisches oder spirituelles Wachstum freigesetzte Energie.

851 ELEFANT

Der Elefant wird in Träumen oft als Schmerz unempfindlich gesehen und in dem selben Bild taub für Gefühle anderer, der in Situationen herumtrampelt, die Takt und Feingefühl erfordern. Wegen ihrer Langlebigkeit werden Elefanten auch mit den Großeltern des Träumers assoziiert und erinnern an die Geduld und Weisheit der älteren Generation.

852 KAMEL

Die langsam stoßende und rollende Bewegung des Kamelritts symbolisiert den Sexualakt. Als Begleiter in der Wüste ist das Kamel der spirituelle Führer des Träumenden durch die Weiten der trockenen Spekulation auf dem Weg zu einer Oase, wo Erkenntnis den Geist erfrischt.

SIEHE AUCH

850: **Preise** S.25, **Pferdefuhrwerk** S.129, **Treidelweg** S.134, **Reiten** S.134, **Pferderennen** S.174

853 SCHLANGE

Das der Schlange zugeschriebene Bild des Bösen findet seine Parallele in der Abneigung, die manchmal unangenehme Trauminterpretation Freuds zu akzeptieren. Die Schlange im Garten Eden und Freud in Wien stellen beide eine Idee dar, die manche unangebracht finden: Sexualität sei nichts, weswegen man sich schuldig fühlen sollte. Außer dass sie ein eindeutig phallisches Symbol ist, verkörpert die Schlange für Jung »dunkle, unverständliche und geheimnisvolle« Aspekte des Selbst.

854 KROKODIL

Halb untergetaucht, nahe dem Ufer, schwimmt das Krokodil im trüben Wasser unseres Unbewussten und projiziert ein Bild der Gefräßigkeit mit seinem Maul und der Scheinheiligkeit mit seinen Tränen. Ein Traum von Krokodilszähnen drückt Kastrationsangst aus.

855 HAI

Der Hai ist ein erschreckendes Symbol von Tod und Zerstörung. Sein Maul repräsentiert in Kastrationsträumen die weiblichen Genitalien.

856 WAL

Der Wal, das Symbol des Mutterleibs schlechthin, verschlingt Jonah (den Träumer), für Freud ein Ausdruck des Inzests, für Jung die Angst, von der

Mutter verschlungen zu werden. Der Wal, der Jonah (den Träumer) wieder ausspuckt, symbolisiert Auferstehung oder spirituelle Wiedergeburt.

857 KABELJAU

Während für Freud alle Fische Phallussymbole sind, erhält der Kabeljau als Grundnahrungsmittel eine häusliche Dimension. Der Träumer sehnt sich nach der Kindheitserinnerung eines einfacheren, häuslicheren Lebens.

858 KRABBE

Krabben scheinen sich mit ihrem ausweichenden Seitwärtsgang in alle Richtungen auszubreiten und werden in der Traumsymbolik mit Krebs assoziiert. Mit ihrer Gewohnheit, sich im Sand zu vergraben, stehen sie für alles, was die Energie des Träumers untergräbt.

859 SHRIMPS

Als kleine Geschöpfe repräsentieren Shrimps kindliche Ressentiments gegenüber einem/r kleineren Bruder oder Schwester (für die »Shrimp/Knirps« oft ein herabsetzender Spitzname ist). In Verbindung mit dem Mutterbild des Meeres wecken Shrimps schlafende Geschwisterrivalitäten.

SIEHE AUCH
855, 856, 857,
858, 859: **Meer**
S.284

BILDER

ZAHLEN

860 NULL

Eine im Traum allein stehende Null hat weder Substanz noch Wert, sie bedeutet Einsamkeit. Rechts von anderen Zahlen multipliziert sie diese mit zehn und erhält so die Bedeutung von Fruchtbarkeit und Fülle – unendliche Potenz statt unendlicher Leere.

861 EINS

Für Freud enthüllen Zahlen ihre Bedeutung durch die freie Assoziation des Träumenden. Für Jungianer repräsentieren Zahlen »archetypische Energien des kollektiven Unbewussten«. Eins bedeutet Harmonie und Einheit in der Familie oder anderen Gruppen, aber auch erzwungene Uniformität, Leugnung der Verschiedenheit. Eins repräsentiert auch den Träumer selbst und deutet als erigierter Phallus auf Sexualität.

862 ZWEI

SIEHE AUCH
862: **Masken-paar** S.80; 864: **Quadrat** S.338

Zwei ist die Dualität, die Bewegung, Fortschritt zur Wahrheit, Dialog statt Monolog erlaubt. Zwei bedeutet Interaktion zwischen dem Unbewussten und dem Bewusstsein. Es kann männlich oder weiblich sein,

Vater oder Mutter, zusammenkommen oder weggehen. Zwei ist auch die Zweideutigkeit, der Zweifel oder die Ambivalenz gegenüber Fragen und Personen. In der Religion ist zwei die Zahl Christi, der perfekten Vereinigung von Gott und Mensch.

863 DREI

Drei komplettiert den Menschen durch die Vereinigung von Körper, Geist und Seele. Für Christen bedeutet drei Vater, Sohn und Heiliger Geist, die Zahl hat auch in anderen Kulturen sakrale Bedeutung. Für Freud symbolisiert drei die männlichen Genitalien. Drei bedeutet auch Beziehungsprobleme: »Zwei sind ein Paar, drei eine Menge.«

4

864 VIER

Vier ist das Wesen der materiellen Welt – vier Himmelsrichtungen, vier Jahreszeiten, vier Elemente Wasser, Luft, Feuer und Erde. Als »Vierheit« des Bewussten und des Unbewussten (Gedanken, Gefühle, Sinne und Intuitionen) bedeutet vier bei Jung den Weg zur Selbsterkenntnis.

865 FÜNF

Fünf symbolisiert unsere fünf Sinne und die fünf Körperteile in Harmonie mit dem Kosmos: Füße am Boden, Arme zum Horizont gestreckt,

Kopf in Kontakt mit dem Himmel (dargestellt in Leonardo da Vincis berühmten Bild des idealen Menschen).

866 SECHS

Sechs symbolisiert den universellen Kampf zwischen Gut und Böse, dargestellt durch den sechseckigen Stern der Alchemisten aus zwei übereinander gelegten Dreiecken, das eine zum Himmel, das andere zur Hölle zeigend. Sechs ist auch die Zahl der Intuition, unser »sechster Sinn«.

867 SIEBEN

Für viele eine heilige Zahl, ist sieben die Zahl des Lebensrhythmus und der Vergänglichkeit (abgeleitet vom 28-Tage-Zyklus des Mondes, geteilt in vier Wochen zu sieben Tagen und von den sieben alten Himmelskörpern: Sonne, Venus, Merkur, Mond, Mars, Jupiter und Saturn). Sieben steht für Perfektion und Vollendung einer Entwicklungsphase. Leben verläuft in Sieben-Jahres-Zyklen: Die Großjährigkeit begann im Westen traditionell am 21. Geburtstag, im Judentum übernimmt ein Junge mit vierzehn Erwachsenenaufgaben.

868 ACHT

Als Vielfaches von vier hat acht ähnliche Bedeutung: Ganzheit, kosmisches Gleichgewicht, völlige Integration der Psyche. Acht symbolisiert auch Unendlichkeit und Ewigkeit. 8 ist abgesehen von 0 die einzige arabische Ziffer ohne Anfang oder Ende.

869 NEUN

Die Zahl der Monate des Entstehens eines Menschen symbolisiert die Vollendung einer schöpferischen Aufgabe. Als drei mal drei hat sie sakrale Bedeutung als Zahl der totalen Perfektion und psychischen Balance. Im Christentum gibt es die neun Chöre der Engel.

870 ZEHN

In jüdischer und christlicher Tradition ist zehn das Symbol des Gesetzes, der zehn Gebote, die die Beziehungen der Menschen untereinander und zu Gott regeln. Als Summe von 1, 2, 3 und 4 ist zehn eine perfekte Zahl, die Schöpfung, Bewegung, Menschlichkeit und Stabilität integriert.

871 ELF

Als Zahl, die über das Gesetz (zehn) hinausgeht und die Unvollständigkeit symbolisiert (die Zahl der Apostel Jesu nach dem Verrat des Judas), ist sie traditionelles Symbol der Übertretung. Augustinus nannte elf »den Wappenschild der Sünde«. Elf drückt Ängste wegen eines Termins aus, »kurz vor zwölf«.

SIEHE AUCH
867: **STERNE UND PLANE-TEN** S.374–375

872 ZWÖLF

Zwölf leitet seine religiöse Bedeutung von den zwölf Stämmen Israels und den zwölf Aposteln Jesu ab. In Träumen bedeutet zwölf eine Vision der Wahrheit. Zwölf Monate vollenden einen Lebenszyklus in der Natur und veranlassen den Träumer, sich auf die Zukunft vorzubereiten.

873 DREIZEHN

Die traditionelle Unglückszahl dreizehn – die Zahl des Verräters Judas, der dreizehnten Person beim Letzten Abendmahl – macht Abergläubischen Angst. Sie ist aber auch ein Symbol des Optimismus und der Vollständigkeit – die wiederhergestellte Schar der zwölf Apostel mit dem Apostel Paulus. Dreizehn ist die Zahl des ersten Monats im neuen Jahreskreis, der neue Hoffnung bringt. Für Mexikaner ist dreizehn unter anderem eine Glückszahl, weil ihre präkolumbianischen Vorfahren dreizehn Götter und dreizehn Himmelskörper verehrten.

874 TAUSEND

Tausend, das Symbol jeder großen Zahl und Zeitspanne, repräsentiert die Unsterblichkeit der Liebe. Assoziiert mit einem Millennium und dem Kommen des Messias, ist die Zahl auch mit lang ersehnter spiritueller Erweckung verbunden.

SIEHE AUCH

872, 873, 874

Jesus Christus

S. 58

FORMEN

875 KREIS

Ohne Anfang und ohne Ende ist der Kreis Symbol für Perfektion, Zeit und Ewigkeit. Der Träumer findet im Kreis Schutz, oft symbolisiert durch einen Armreif oder ein Halsband als Glücksbringer, ein umschließender Kreis kann auch ein Gefängnis sein. Für Freud repräsentiert der Kreis die Vagina. Für Jung ist er ein archetypisches Bild der ganzen Psyche im Gegensatz zu dem durch das Quadrat symbolisierten Körper.

Eine **Kugel (876)** drückt noch stärker die Kreissymbolik der Perfektion aus. Das Bild kann aber auch ein mit Sexualität zusammenhängendes kugelförmiges Objekt – Brust oder Hoden – darstellen.

877 QUADRAT

Es repräsentiert die Gesamtheit der materiellen Welt und ihre Grenzen, die vier Außenmauern eines Hauses oder eine Burg. Das Quadrat drückt Stabilität, aber auch Stagnation und Hemmung aus. Für Jung bedeuten Bilder eines Quadrats im Kreis oder umgekehrt die Balance von Materie und Geist.

878 RECHTECK

Das Rechteck kann den Goldenen Schnitt repräsentieren, eine geometrische Figur mit idealen Proportionen, Symbol der harmonischen Beziehung zwischen Erde und Himmel.

879 DREIECK

Das Dreieck gibt den symbolischen Eigenschaften der Zahl drei Gestalt:
Vater-Mutter-Kind, Vater-Sohn-Heiliger Geist und so weiter. Die nach
oben oder unten zeigende Spitze repräsentiert jeweils gut oder böse.
Für Freudianer ist das Dreieck ein Bild der Sexualorgane, männlich nach
oben, weiblich nach unten zeigend.

880 SPIRALE

Die an Treppenhäuser, Schlangen und Weinranken
erinnernde Spirale ist ein Symbol des Sexualakts,
aber auch der spirituellen Bewegung – zu höheren
Zielen oder zu niedrigen Instinkten. Nach manchen
Deutungen zeigt eine im Uhrzeigersinn drehende
Spirale zu höheren Idealen, eine im Gegensinn
drehende deutet auf den Abstieg zum Unbewussten.

881 PYRAMIDE

Die von Freudianern als Symbol des erigierten
Phallus angesehene Pyramide ist ein mächtiges
Bild. Sie hat spirituelle und auf Aspirationen gerich-
tete Bedeutung für den Träumer, ähnlich jener der

SIEHE AUCH

875: **Ring** S.84,
Null S.332; 877,
878: **Vier** S.333;
879: **Drei** S.333;
880: **Linke und
rechte Seite**
S.64;
881: **Drei** S.333,
Vier S.333

berühmten ägyptischen Gräber für die Pharaonen – eine Struktur von Masse und Macht, die »für die Ewigkeit« gedacht war. Die Pyramide war eine Rampe, die Erde und Himmel verband, ein in Stein gehauener Strahl der schöpferischen Kraft des Sonnenlichts, auf dem der verstorbene König zu den Göttern aufstieg. Das Bild symbolisiert das Bemühen des Träumers, irdische Sorgen (symbolisiert durch die quadratische Basis der Pyramide) auf eine höhere Ebene zu heben, ein Suchen nach Gott.

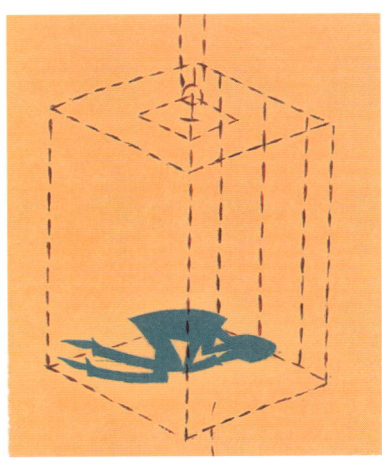

882 WÜRFEL

Ein Würfel gibt der Stabilität und Vollendung des Quadrats Tiefe. Er symbolisiert Weisheit, Wahrheit und Vollkommenheit, ein zu fester Würfel bedeutet aber spirituelle Unbeweglichkeit. Er steht für das Haus, ein Symbol des Selbst. Eine Person im Würfel stellt den Träumer dar. Als Spielwürfel drückt er Ungewissheit aus oder Unterordnung unter nicht kontrollierbare Faktoren.

FARBEN

883 WEISS

Als Fehlen von Farbe bedeutet Weiß Einsamkeit oder einen blutleeren Leichnam oder Geist. Weiß ist in östlichen Kulturen wie in China die Trauerfarbe. Weiß symbolisiert oft Reinheit und die Jungfräulichkeit der Braut. Als Licht der Morgendämmerung verkündet es Geburt und Anfang.

884 SCHWARZ

Schwarz ist die Leere, aus der das Universum geschaffen wurde, es bedeutet kreatives Potenzial, das zum Tragen gebracht werden muss. Schwarz wird oft mit Tod, dem Bösen und Unglück assoziiert. Schwarz weckt für einen Träumer kaukasischer Abstammung Feindschaft, das ist eine Warnung vor tief im Unbewussten liegenden Rassenvorurteilen.

885 BLAU

Blau bedeutet die Unendlichkeit des Himmels und die unergründliche Tiefe des Meeres. Himmelblau ist der Intellekt mit seiner kühlen Rationalität, Offenheit und Zielstrebigkeit – wenn wir uns für eine bestimmte Richtung entschieden haben, ist das ein positives Signal des Unbewussten, dass wir unserer Entscheidung trauen sollten. Dunkelblau weist auf das Meer und die tieferen Regionen des Unbewussten. Wenn wir uns mit dieser Farbe wohl

SIEHE AUCH

883: **Null** S.332;

885: **Meer**

Wasser S.284

fühlen, deutet das auf die Bereitschaft, unterdrückte Gefühle zu befreien; wenn uns der Farbton Angst macht, sind eben diese unterdrückten Gefühle die Wurzel unseres derzeitigen »Blues«.

886 ROT

Das ist die Farbe von Wut und Gefahr. Rot ist aber auch die Leidenschaft und das sexuelle Verlangen sowie die traditionelle Farbe von Teufeln und Dämonen, die im Unbewussten unseren besten Absichten auflauern. Die turbulente Energie von Rot muss nicht negativ sein, Feuer und Blut sind ja Symbole der Energie und des Lebens.

887 GELB

Helles Gelb bedeutet die Sonne und den erleuchteten Geist. Gelb symbolisiert die schockierenden Einsichten beim Auftauchen aus der Dunkelheit. Blassgelb schmeckt nach Krankheit, Niedergang, erlahmender Kraft und hohem Alter.

888 ORANGE

Orange ist eine ausgeglichene Kombination aus dem Gelb des Geistes und dem Rot der Libido: Es repräsentiert Fruchtbarkeit und die Erwartung spiritueller Erkenntnis. Die safranfarbenen Roben buddhistischer Mönche symbolisieren Bescheidenheit.

889 GRÜN

Grün ist das Symbol des Frühlings, der erwachenden Hoffnung, repräsentiert in Blättern, Gras und frischen Trieben. Als Farbe von Verfall und Tod bedeutet Grün aber ebenso Pessimismus und Angst. »Grün« bedeutet auch naiv und unreif, im Traum kann es mit einem Vorfall zusammenhängen, bei dem unsere Unerfahrenheit zutage kam. Grün kann im Traum auch von Eifersucht ausgelöst werden, deren traditionelle Farbe es ist.

890 BRAUN

Braun symbolisiert die Erde als Quelle der Fruchtbarkeit und Verjüngung, aber auch die herbstliche Melancholie gefallenen Laubs. Für Freudianer ist Braun die Farbe der Ausscheidung, Zeichen analer Fixiertheit und eines zwanghaft ordentlichen Charakters, zusammen mit Geiz – vielleicht auch der Wunsch nach künstlerischer Kreativität.

SIEHE AUCH

886: **Feuer**
S.285, **Blut**
S.66; 890:
Toiletten-Träume S.105

KLÄNGE UND STIMMEN

891 STIMMEN

Stimmen, die man losgelöst von erkennbaren Leuten hört, symbolisieren das innere Selbst, das sich bei einem Träumenden Gehör verschaffen will, der durch Alltägliches zu sehr abgelenkt ist. Stimmen von Engeln oder anderen himmlischen Wesen kommen aus unserem höheren spirituellen Selbst. Bekannte Stimmen erinnern den Träumer an vernachlässigte Freunde oder Verwandte.

Einen **Ruf (892)** aus großer Entfernung hören kann eine Erinnerung aus dem Unbewussten sein, dass jemand, den wir kennen, Hilfesignale aussendet. Es kann aber auch bedeuten, dass wir nicht zu stolz sein sollen, andere um Hilfe zu bitten.

893 STIMMENGEWIRR

Bei privatem oder beruflichem Stress bedeutet ein unverständliches, aber oft zornig klingendes Stimmengewirr kaum kontrollierte Wut. Wir müssen uns damit auseinander setzen, wenn sie nicht im Leben zum Ausbruch kommen und Unheil anrichten soll.

894 UNSEREN NAMEN HÖREN

Unseren Namen hören hat mit einer Gelegenheit zu tun, bei der wir im Scheinwerferlicht stehen werden – ein Bewerbungsgespräch, eine Hochzeit. Wenn wir mit fremden Namen gerufen werden, deutet das auf eine Seite unserer Persönlichkeit, die wir lieber unterdrücken würden.

895 PFEIFEN

Pfeifen kündet von der Anwesenheit einer Person oder ruft zum Handeln. Nach dem alten Aberglauben, dass man pfeifen soll, wenn man an einem Friedhof vorbeigeht, ist es eine Bestätigung des Lebens.

896 GEWEHRFEUER

Gewehrfeuer wird mit Exekution, Krieg oder Verbrechen assoziiert. Es drückt den Wunsch aus, jemanden aus dem Weg zu räumen, etwa einen Rivalen um berufliche Beförderung. Ein einzelner Schuss, wie ein Startschuss, reflektiert den Druck, den ein bevorstehender Endtermin eines Projekts verursacht.

897 MELODIE

Eine vertraute oder unbekannte Melodie im Traum ist eine Einladung, unser vernachlässigtes Potenzial an persönlicher Kreativität zu erforschen, Musik ist das geläufige Symbol dafür.

898 GLOCKE

Kirchenglocken bedeuten festliche Freude oder Trauer und enthüllen unsere wahren Instinkte. Begräbnisglocken drücken unausgesprochene Zweifel über eine Hochzeit aus. Eine Alarmglocke erinnert an etwas, das wir vergessen haben.

899 TROMMEL

Trommelwirbel symbolisiert die Stimme unseres Unbewussten, Gefühle und Instinkte, die aus den Tiefen unseres Selbst dröhnen. Kriegerischer Trommelschlag erinnert an den Rhythmus beim Sex.

900 HAHNENSCHREI

Der Hahnenschrei ist Weckruf zu neuen Herausforderungen. Für Christen bedeutet er den Verrat Petrus' an Jesus und erinnert, dass unvorhersehbare Ereignisse und Emotionen, besonders Angst, auch die Integrität der Aufrechtesten auf die Probe stellen können.

901 FLÜSTERN

Ein Traum-Flüstern ist unsere leise aber feste innere Stimme, die uns zum Handeln nach unseren Instinkten drängt oder im Gegenteil unsere Entschlüsse zweifelhaft erscheinen lässt.

902 SCHREI

Ein Schrei kann ein Gruß oder Applaus für unsere Leistung bei einer schwierigen Aufgabe sein. Er ist auch eine Warnung vor zu hastigem Handeln.

903 LUFTALARM/SIRENE

Das bei Träumenden meist mit Erinnerungen an den 2. Weltkrieg verbundene Heulen der Sirene drückt Angst vor dem Unbekannten oder nostalgische Sehnsucht nach Kameradschaft und Zusammengehörigkeit aus.

904 LACHEN

Gelächter als Ausdruck der Freude und Erleichterung kann auch Verlegenheit oder Angst, Schuldgefühle (wenn andere über uns lachen), Verfolgungswahn oder Paranoia bedeuten. Das volkstümlich mit bösen Hexen und Unheil assoziierte **Gegacker (905)** ist unsere innere Stimme, die sich über unsere Ambitionen lustig macht.

906 SCHIMPFEN

Schimpfen und Fluchen drücken Zorn und Angst aus. Die Erklärung liegt in einer noch nicht untersuchten Ursache von Abneigung oder Angst.

SIEHE AUCH
898: **Schulglocke** S.270;
902: **Ruhm** S.25

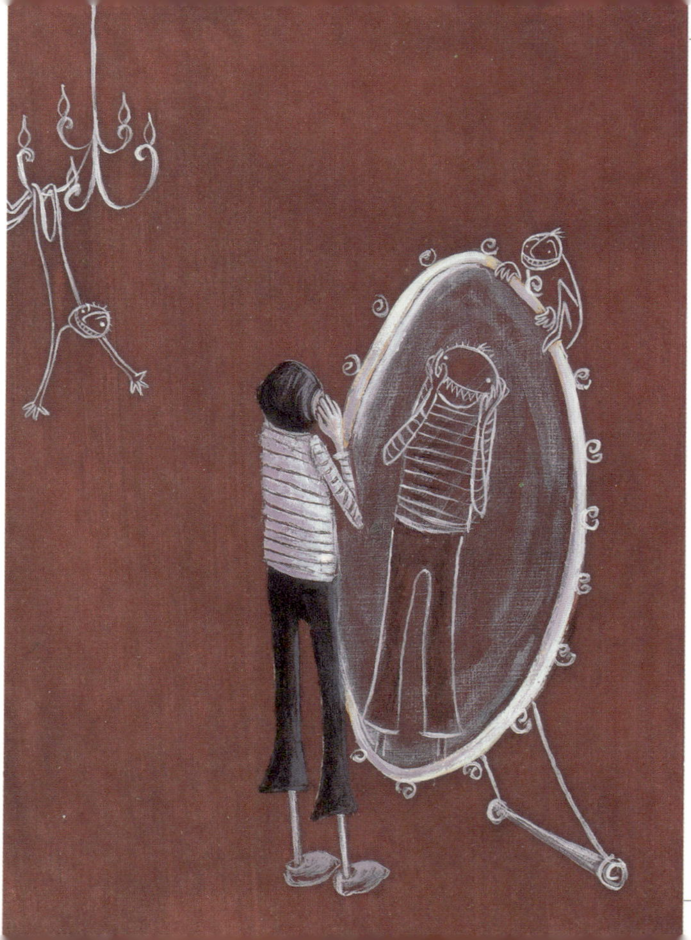

GEISTER UND MONSTER

907 DER TEUFEL

Der Teufel stellt unser Unbewusstes und unsere zerstörerischen niedrigen Instinkte dar. Nach Jung ist er der Archetypus des Schattens (siehe S. 16). Wir träumen vom Teufel, wenn wir vorhaben mit Traditionen zu brechen und dabei mit Widerstand rechnen müssen.

Dämonen, Kobolde, Unholde und böse Geister (908) sind Relikte ungelöster Kindheitsängste. Sie lassen uns soziale Normen überschreiten und zeigen die dunkle Seite unserer »inneren Dämonen«.

909 MONSTER

Monster sind versteckte innere Impulse, die uns mit Abscheu erfüllen. Indem wir diesen Impulsen eine monströse Gestalt geben statt einer menschlichen, weichen wir der persönlichen Verantwortung dafür aus.

910 RIESE

Riesen erscheinen als Wiederholungen kindlicher Erinnerungen an eine Zeit, als uns Erwachsene so groß vorkamen. Ein brutaler oder unheimlicher Riese steht für einen einschüchternden Elternteil.·

911 FEE

Feen können beide Geschlechter haben, in Träumen sind sie meist weiblich. Für Freud bedeuten sie

SIEHE AUCH
911: **Ödipus**
S.358

Inzestfantasien mit einem weiblichen Familienmitglied. Die Fee repräsentiert für den Mann seine Anima (siehe S. 17) oder unterdrückte homosexuelle Triebe.

912 GEIST

Der Geist einer bekannten Person deutet auf »offene Rechnung« mit ihr. Eine unbekannte Gestalt symbolisiert fortbestehende Schuld gegenüber einem »Geist« der Vergangenheit.

UNMÖGLICHES

913 ABSURDITÄTEN

Fliegende Schweine, Züge, die übers Meer fahren und andere irrationale Bilder bedeuten, dass wir kreativere Ansätze im Leben brauchen. Absurde Szenen deuten auch auf unser instinktives Gefühl, dass einiges in unserem Leben grundsätzlich undurchführbar oder unhaltbar ist.

914 VERZERRTE GESICHTER

Unerwartete Ambivalenz gegenüber Freunden oder Geliebten wird in Träumen erhellt, in denen sie mit verzerrten Zügen und Körpern dargestellt sind. Uns so zu sehen deutet auf geringes Selbstwertgefühl.

915 ÜBERNATÜRLICHES

Für Jungianer sind Träume von übernatürlichen Ereignissen authentische transzendentale Erfahrungen, die etwas von der tiefen Freude und dem Frieden im Innersten unseres Seins vermitteln. Freudianer sehen sie als Erfüllung des Wunsches, von der alltäglichen Realität frei zu sein.

916 GESCHLECHTSUMKEHR

Neben Wunscherfüllung und Neugier bedeutet der Wechsel des Geschlechts das Bedürfnis, Anima oder Animus (siehe S. 17) zu kultivieren.

917 SPRECHENDE TIERE

Sprechende Tiere signalisieren den Wunsch, die Instinktseite unserer Natur nach oben zu kehren. Das sprechende Tier kennt nicht die menschlichen Hemmungen und liefert unangenehme, vom Bewusstsein verdrängte Wahrheiten.

918 SPRECHENDE GEMÄLDE

Sprechende oder zum Leben erwachende Gemälde oder Skulpturen laden uns ein, Hemmungen (repräsentiert durch den Bilderrahmen oder das feste Material der Skulptur) abzulegen. Ist es Zeit, die kreative Seite unserer Persönlichkeit zu beleben?

SIEHE AUCH
912: **Symbole
des Todes**
S.108; 913,
918: **TRANS-
FORMATIONEN**
S.352–353

TRANSFORMATIONEN

919 EIN OBJEKT WIRD ZU EINEM ANDEREN

Transformationen bedeuten den Wunsch nach Veränderung, die beiden beteiligten Objekte zeigen, wohin unsere Instinkte uns führen. Ein Auto, das sich in ein Haus verwandelt, drückt den Wunsch nach einem weniger mobilen, sesshafteren Leben aus.

920 MENSCH ZU TIER

Ein in einen Menschen verwandeltes Tier symbolisiert den Drang, über die primären Instinkte hinauszukommen, derer man sich schämt. Ein Wesen mit menschlichen und tierischen Zügen, etwa ein Stierkopf mit Menschenkörper, weist auf die Unmöglichkeit, die niedrigen Instinkte ganz abzulegen – am besten entschärft man sie durch Selbstakzeptanz, indem man das »Biest« als Teil seiner Persönlichkeit anerkennt.

SIEHE AUCH

919: **Sprechende Gemälde** S.351;

920: **Minotaurus** S.357; 922:

Versuch zu laufen S.29

Die umgekehrte Verwandlung einer **Person in ein Tier (921)** drückt den Wunsch nach Erforschung tieferer Ebenen der Psyche aus. Wer viel mit dem Verstand arbeitet, hofft natürlichere und spontanere Erfahrungen zu machen.

922 PERSON IN PFLANZE

Wenn wir in eine Pflanze oder einen Baum verwandelt werden, bedeutet das, dass wir uns von den

Ungewissheiten der menschlichen Welt zurückziehen wollen. Der Traum warnt uns aber auch davor, »Wurzeln zu schlagen«, zu stagnieren und unseren Ängsten nicht entkommen zu wollen. Die umgekehrte Verwandlung einer **Pflanze in einen Menschen (923)**, in uns selbst oder jemand anderen, bedeutet Erwachen, den Moment, in dem die Trägheit positivem Handeln weicht.

MYTHEN UND LEGENDEN

924 ZEUS ODER JUPITER

Der höchste Gott des griechisch-römischen Pantheons, Zeus (Jupiter bei den Römern), ist eine Vaterfigur in vollem Besitz seiner physischen und geistigen Kräfte. Er schleudert Blitze und ist kompromisslos, grausam und sexuell dominierend. Seine gewaltige Erscheinung erinnert an die Angst vor unserem Vater oder einer anderen Autoritätsfigur.

925 DIONYSOS ODER BACCHUS

Der Gott des Weins und der ekstatischen Verwandlungen (Bacchus für die Römer) repräsentiert einen höheren Bewusstseinszustand, der uns Kontakt zu unseren Urinstinkten und Energien erlaubt. Wenn wir unser Potenzial ganz ausschöpfen wollen, müssen wir etwas riskieren.

926 HERAKLES ODER HERKULES

Der antike Held Herakles (Herkules) repräsentiert Stärke und Schwäche der rohen Gewalt. Je nach den Umständen legt er ein entschiedenes oder bedächtiges Herangehen an ein Problem nahe.

SIEHE AUCH

926: **Held** S.85;

931: **Verzerrte Gesichter** S.350

927 APHRODITE ODER VENUS

Aphrodite oder Venus, die Göttin der Liebe, symbolisiert Sexualität aus Zuneigung und ermutigt uns zu freierem Umgang mit unserem Körper und unserer Sexualität. **Eros (928)** ist der Gott des Verlangens und der sexuellen Liebe, dessen römische Gestalt **Cupidus (929)** die spielerische Seite des Verlangens darstellt und den Schmerz, wenn man von seinem Pfeil getroffen wird.

930 ARTEMIS ODER DIANA

Artemis (Diana für die Römer) ist die jungfräuliche Jägerin: stolz und wild wie die Tiere, die sie jagt, rachsüchtig, wenn man ihr den Respekt verweigert. In Frauen weckt sie den Wunsch, bestimmter und autonomer in ihren Beziehungen zu Männern zu sein. Für Männer ist sie die dominante, eifersüchtige und kastrierende Gegenspielerin der Aphrodite.

931 MEDUSA

Medusa, eine der Schreckgestalten der griechischen Mythologie, mit Schlangen im Haar über ihren hervorquellenden Augen und einer zwischen Hauern heraushängenden Zunge, verwandelt Menschen zu Stein. Sie ist ein verzerrtes Bild des Selbst. Destruktive Impulse zu entdecken, ohne sie zu bewältigen, lässt unseren persönlichen Fortschritt erstarren.

932 NARZISS

Narziss ist ein schöner Jüngling, der sich in sein Spiegelbild in einem Becken verliebt; als er danach greifen will, fällt er hinein und wird zu einer Blume. Der Traum warnt vor Eitelkeit und Narzissmus: Wir sollten uns nicht so sehr um den bloßen Schein sorgen.

933 KÖNIG MIDAS

König Midas erhält die Gabe, alles was er angreift, in Gold zu verwandeln – auch Speisen, also verhungert er beinahe. Midas bedeutet, dass es keine Abkürzung zu persönlicher Perfektion, symbolisiert durch Gold, gibt: Wir müssen unsere inneren Kräfte benützen.

934 DRACHE

Der wilde, Feuer speiende Drache ist unser Schatten (siehe S. 16), die dunklen Kräfte unseres Wesens, die wir zu unserer Selbstverwirklichung

in Anspruch nehmen – symbolisiert durch den Schatz, den der Drache bewacht. Im Osten ist der Drache Furcht erregend, aber gutmütig, er repräsentiert die Urenergie und die Kräfte des Himmels.

935 EINHORN

Diese reine weiße, pferdeähnliche Kreatur mit einem einzelnen Horn

auf der Stirn wird von einer Jungfrau gezähmt. In der christlichen Legende symbolisieren das Mädchen und das Einhorn die Jungfrau Maria, geschwängert vom Heiligen Geist. Es sublimiert das fleischliche Verlangen und symbolisiert Reinheit.

936 MINOTAURUS

Im Labyrinth auf Kreta verlangt das Ungeheuer mit dem Stierkopf und dem Menschenkörper ein jährliches Opfer von Mädchen und Jünglingen, bis es vom Helden Theseus getötet wird. Der Minotaurus deutet auf ungezähmte Triebe im Unbewussten.

937 JASON UND DIE ARGONAUTEN

Jasons Suche nach dem von einem nie schlafenden Drachen bewachten Goldenen Flies bietet sich an für eine Jung'sche Traumdeutung. Jason, der archetypische Held (siehe S. 16), muss den Drachen töten, der seine eigenen dunklen Triebe symbolisiert, wenn er spirituelle Reinheit erreichen will. Jason bringt den Drachen aber nur mit einem Zaubertrank zum

SIEHE AUCH

935: **Preise** S.25; 936:

Labyrinth oder Irrgarten S.21;

937: **Preise** S.25, **Held** S.85

Schlafen, wobei er seine spirituelle Suche aufgibt und seine Triebe unbewältigt schlafen lässt. Die Suche nach Erfüllung verlangt totale Hingabe.

938 DER HEILIGE GRAL

Der Heilige Gral, angeblich der Becher, aus dem Jesus beim Letzten Abendmahl trank und in dem sein Blut bei der Kreuzigung aufgefangen wurde, symbolisiert spirituelle Vollkommenheit. Von den Rittern der Tafelrunde König Arthurs sieht nur **Galahad (939)** den Gral, dank seiner spirituellen Reinheit, die **Lanzelot (940)** verwehrt blieb, der zu sehr in irdischen Trieben verfangen war.

941 SUPERMAN

Superman, das Alter-Ego des sanften Clark Kent, hat die klassischen Eigenschaften des Helden. Um das Böse zu bekämpfen und Wahrheit und Gerechtigkeit zu verteidigen, bleibt er keusch und widersteht der Reporterin Lois Lane, der sich Clark gerne hingeben würde. Wir dürfen uns nicht von der Suche nach Erfüllung ablenken lassen.

SIEHE AUCH
941: **Held** S.85;
944:
Meer S.284

942 ÖDIPUS

Um seine vorhergesagte Ermordung durch seinen Sohn zu verhindern, setzt König Laios Ödipus nach der Geburt aus. Der wird von einem Hirten gerettet, wächst heran, tötet seinen Vater und heiratet seine Mutter ohne es zu wissen. Der für die Freud'sche Psychoanalyse fundamentale Ödipuskomplex symbolisiert die Feindschaft eines Mannes zu seinem Vater und den Wunsch nach Inzest mit seiner Mutter. Das weibliche Äquivalent dazu ist nach **Elektra (943)** benannt, die an der Verschwörung zur Ermordung ihrer Mutter Klytemnestra beteiligt war.

944 POSEIDON ODER NEPTUN

Poseidon (Neptun für die Römer) ist mit seinem Dreizack, dem Symbol für Blitz und Unwetter, ein unruhiger Herr des Meeres. Er stört die tiefen Wasser des Unbewussten. Sein stürmisches Temperament kann auch den Beginn von Neuerungen in der Kreativität des Träumers auslösen.

945 HELENA VON TROJA

In der Legende der Helena von Troja geht es um zwei Verführungen. Helena, die Tochter des Zeus, der als Schwan verkleidet ihre Mutter verführte, wird von Paris, dem Sohn des Königs von Troja, entführt. Diese Geschichte und der folgende Krieg zu ihrer Befreiung sollen die verheerenden Konsequenzen von leichtfertiger Maßlosigkeit und männlicher Eifersucht und Stolz zeigen. Das von den leichtgläubigen Trojanern als Geschenk akzeptierte riesige hölzerne **Trojanische Pferd (946)**, in dem die Griechen ihre Krieger versteckten, um in das belagerte Troja zu kommen, ist ein berühmtes Symbol der Doppeldeutigkeit. Das Traumbild reflektiert die Angst vor Verrat hinter scheinbarer Großzügigkeit.

947 ACHILLES

Wie Lanzelot ist auch Achilles ein Held mit Fehlern. Der größte griechische Krieger im Trojanischen Krieg ist auch sehr menschlich, rachsüchtig, unbarmherzig, jähzornig und schmollt wie ein Kind. Diese Schwächen haben ein physisches Gegenstück in seiner Ferse, der einzigen verwundbaren Stelle seines Körpers. Er ist eine Warnung vor Selbstgefälligkeit.

948 MÄDCHEN IN NOT

Der Ritter, der ein gefangenes Mädchen rettet, symbolisiert mutigen Verstand mit starken Überzeugungen auf der Suche nach Wahrheit und Ehrlichkeit. Die Gefangenschaft, meist durch einen bösen Stiefvater oder einen anderen tyrannischen Wächter bedingt, bedeutet die Unterdrückung von Einsichten ins Unbewusste.

SIEHE AUCH

947: **Lanzelot**
S.358, **Held**
S.85; 949:
Meer S.284

949 MEERJUNGFRAU

Halb Frau, halb Fisch, ist sie ein Symbol von Sexualität und Geheimnis. Für den Mann bedeutet sie die Anima (siehe S. 17), die ihn verleitet, die unerforschten Tiefen seines Unbewussten zu erkunden.

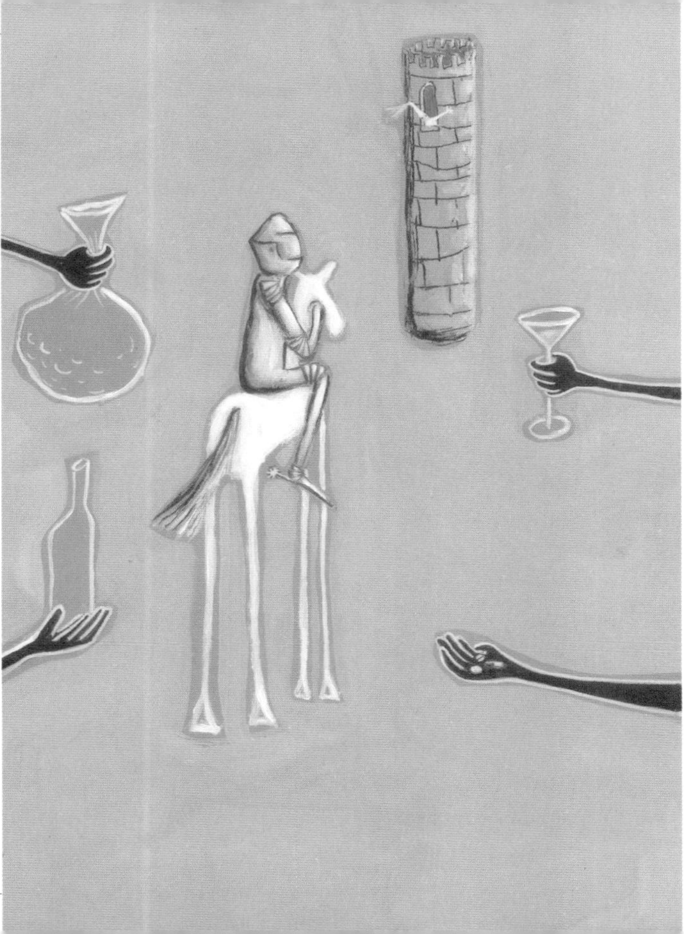

HISTORISCHE FIGUREN

950 PHARAO

Der in der Bibel mit Unnachgiebigkeit und Verfolgung assoziierte König von Ägypten symbolisiert die unbeugsame Autorität einer Vaterfigur. Die schöne Goldmaske des **Tutenchamun (951)** erinnert an die geschätzten Freuden der goldenen Jugend; der für die Ewigkeit einbalsamierte Körper bedeutet, dass uns von unseren Eltern, besonders von unserer Mutter, das Recht auf volle Reife verwehrt wurde.

952 JULIUS CÄSAR

Zu den Mördern Cäsars gehörte auch Brutus, den er als seinen Sohn betrachtet haben soll – daher auch seine letzten Worte: »Et tu Brute!« (»Auch du, Brutus!«). Diese berühmte Szene symbolisiert unser Schuldgefühl, dass Feindschaft, auch gerechtfertigte, Verrat ist. Cäsar ist eine Warnung, sich anderen durch übertriebenen Ehrgeiz und Stolz zu entfremden, auch wenn wir noch so talentiert sind. **Kaiser Nero (953)** ist der archetypische ausschweifende und unbarmherzige Verfolger. Als die im Neuen Testament angesprochene »Bestie« hat er im Traum die selbe Symbolik wie der Teufel.

954 KLEOPATRA

Die berühmte Königin von Ägypten kombiniert sexuellen Charme, politische Schlauheit und dynastische Ambition, um ihre mächtigen römischen Liebhaber Julius Cäsar und Mark Anton zu beeinflussen. Kleopatra, die an einem selbst veranlassten Schlangenbiss stirbt, gibt eine moralische Lektion über die gefährliche Balance von Liebe, Macht und Ehrgeiz.

955 KÖNIGIN ELISABETH I.

Englands Königin Elisabeth I. gilt als mächtiges weibliches Rollenbild und als jungfräuliche Königin, die für ihr Land auf Sexualität verzichtete. Für Jungianer stellt sie den Archetypus der Großen Mutter (siehe S. 17) dar, die irdische Macht und spirituelle Erhöhung vereint.

956 GEORGE WASHINGTON

Der tapfere Soldat und ehrenwerte Politiker Washington ist das Urbild des starken schützenden Vaters, des idealen »Landesvaters«. Nur fundamentalistische Freudianer würden im Traumbild des legendären Baums, den gefällt zu haben George gesteht, weil er »niemals lügen« könnte, die Anerkennung unerlaubter sexueller Gefühle sehen.

957 NAPOLEON

Dieser widersprüchliche französische Held, Befreier und Tyrann bleibt in der allgemeinen Erinnerung als Symbol des Emporkömmlings. Er bedeutet eine herrschsüchtige Vaterfigur.

SIEHE AUCH
953: **Der Teufel**
S.349

958 ABRAHAM LINCOLN

Lincoln symbolisiert den Archetypus des Alten Weisen (siehe S. 15), mit der Macht, persönliches Wachstum und spirituelle Energie zu vermitteln. Er ist ein starkes Vorbild an Gerechtigkeit, Weisheit und Mitgefühl, und durch seine Ermordung (die er in einem Traum vorhersah) ein Märtyrer.

959 ADOLF HITLER

Der absolute Böse des 20. Jahrhunderts, Adolf Hitler, erscheint dem Träumenden in seltsam zufälligen Begegnungen. Das bedutet, dass dunkle Triebe nicht nur Merkmale von Fantasieungeheuern, sondern auch von äußerlich normalen Menschen sind. Jungianer sehen in ihm und in dem genauso brutalen **Stalin (960)** den archetypischen Schatten (siehe S. 16).

961 WINSTON CHURCHILL

Die große Stunde des britischen Führers der Kriegszeit kam, als viele glaubten, seine Karriere sei vorüber. Als Symbol hartnäckiger Ausdauer und Energie ist er die ideale Vaterfigur: hart und schroff, aber entschlossen, schützend und mutig.

SIEHE AUCH

965:

Mädchen in

Not S.360

962 JOHN F. KENNEDY

Das Traumbild von John F. Kennedy als dem dynamischen, frei denkenden archetypischen Helden (siehe S. 16), geadelt durch den Märtyrertod, wird von unserem Wissen über sein Privatleben verkompliziert. Aber wir fühlen uns wohler mit solch menschlichem Heroismus. Ein Präsident ist auch eine Vaterfigur, der sexuelle Appetit von JFK verstärkt dieses Bild der Virilität. **Jacqueline Kennedy (963)** erscheint als Ikone der tugendsamen Witwe.

964 KÖNIGIN ELISABETH II.

Als Landesmutter repräsentiert die derzeitige Königin von England die archetypische Große Mutter (siehe S. 17), aber ihre Familienprobleme verringern die Wirkung dieses Bilds. Träume von sozialen und sexuellen Beziehungen mit dieser sonst unerreichbaren Gestalt drücken unrealistische Ambitionen aus.

965 PRINZESSIN DIANA

Diana ist Symbol der Heldin, der Unrecht widerfuhr und die zur Märtyrerin wurde, im Traum erscheinen vielleicht auch ihre karitativen Taten. Diana symbolisiert das Bild des im Palast gefangen gehaltenen Mädchens, als Ausdruck der Zwänge gesellschaftlicher Konventionen.

966 LEONARDO DA VINCI

Die Gestalt des Künstlers der Mona Lisa deutet auf den Wunsch des Träumers, an den Geheimnissen des Universalgenies Leonardo da Vincis teilzuhaben. Ohne es dem Renaissancemeister gleichtun zu wollen, versuchen wir das Geheimnis seiner Kreativität zu verstehen.

967 MOZART

Mozart, das Ideal des großen Künstlers, der auf der Höhe seines Schaffens tragisch weggerissen wurde, repräsentiert auch die durch Hingabe und intensiven Fleiß erreichte scheinbar mühelose Schönheit.

968 BEETHOVEN

Ludwig van Beethoven ist der heroische Künstler, der erfolgreich konventionelle Formen herausfordert, und der trotz seines Gehörverlusts – ein einzigartig grausames Schicksal für einen Musiker, das seiner Geschichte mythische Dimension verleiht.

969 PICASSO

Träumende sehen Picasso oft in Verbindung mit einem seiner kubistischen Gemälde, in denen er die Gesichter in verschiedene Facetten zerlegte. Das Traumbild drückt das Bedürfnis aus, die Realität in ihren Teilen zu betrachten und sie wieder zusammenzusetzen und als ganzes zu verstehen. Picasso symbolisiert die Bedeutung der Beobachtung der Komplexität des Lebens, auch wenn wir es nicht ganz verstehen können.

970 PAPST

Das Oberhaupt der katholischen Kirche repräsentiert für viele den Alten Weisen (siehe
S. 15), eine gutmütige und heilige
Vaterfigur. Seine intellektuelle und
spirituelle Energie ermutigt uns, zu einer
höheren Bewusstseinsebene aufzusteigen.

971 CARL GUSTAV JUNG

Das Erscheinen von Jung bestärkt
Träumer, die seine Ansichten über
spirituelle Selbstverwirklichung teilen,
dass er sie in ihrer Suche nach neuen
Erkenntnissen lenken wird. Er erscheint auch als Version
seines eigenen Konzepts vom archetypischen Alten Weisen (siehe S. 15).

972 SIGMUND FREUD

Freud ist sowohl Begründer der Psychoanalyse als auch das klassische
Bild des Analytikers, der den Ängsten des Träumenden aufmerksam
zuhört. Wir erzählen dem Analytiker, was wir anderen und uns selbst
verschweigen würden. Freud selbst glaubte, dass er in den Träumen
seiner Patienten als Ersatzfigur ihres Vater erschien.

BIBLISCHE FIGUREN

973 ADAM UND EVA

Figuren mit paradoxerweiser positiven Rolle im Unbewussten: Adam und Eva sind Symbole der »Individuation«. Zusammen sind sie die Quelle unserer intellektuellen und spirituellen Unabhängigkeit. Von der **verbotenen Frucht (974)** vom Baum der Erkenntnis zu essen symbolisiert den ersten Schritt zur Selbstverwirklichung.

975 KAIN AND ABEL

Der Archetypus des Brudermords, die Ermordung Abels durch seinen eifersüchtigen Bruder Kain symbolisiert für Freud die Rivalität von Geschwistern um die elterliche Liebe. Der Traum deutet auf unbewusst im Erwachsenenleben fortbestehende kindliche Animositäten.

976 ABRAHAM

Abraham, der Patriarch, der mit der Götzenanbetung bricht, um nach Erleuchtung zu suchen, symbolisiert den Wunsch des Träumers, etablierte Ansichten zu verlassen, und die auf persönlicher Überzeugung basierende Wahrheit zu suchen. Der Nomade Abraham deutet auf die Wichtigkeit, Unbekanntes nach Weisheit aus Erfahrung zu durchforschen.

977 JAKOB

Jakob, der seinen älteren Bruder Esau um seine Vorrechte brachte (noch ein Fall von Geschwisterrivalität), ringt mutig mit dem Engel, um für sein Volk den Namen und das Heilsversprechen Israels zu gewinnen. Er steht also für höhere Ziele.

978 MOSES

Moses bringt das Gesetz und stirbt, ohne das gelobte Land betreten zu haben, in das er sein Volk

SIEHE AUCH

974: **Apfel**
S.140; 977:
Leiter S.116

nach der Befreiung aus Ägypten führt. Er symbolisiert die Bedeutung moralischer Integrität als ersten Schritt zur Weisheit. Die Reise – der Lernprozess – ist für sich selbst vielleicht wertvoller als das Ziel.

979 SAMSON AND DELILAH

Delilah zerstört Samsons Männlichkeit, indem sie sein Haar, das Geheimnis seiner Stärke, abschneidet. Der Traum deutet auf Kastrationsängste und die selbst zerstörerischen Gefahren einer überhitzten Libido.

LITERARISCHE FIGUREN

980 HAMLET

Freud sah Shakespeares Hamlet als eine Version des Ödipuskomplexes latenter Feindschaft gegen den Vater und des Inzestwunsches mit der Mutter. Der Prinz zögert, am usurpatorischen Onkel Rache zu nehmen, der Hamlets eigenen unterdrückten Wunsch erfüllte, den Vater zu töten, und seine Mutter zu heiraten.

Die von Hamlet verschmähte **Ophelia (981)** symbolisiert den unbewusst als Rivalen der eigenen Mutter betrachteten Sexualpartner.

SIEHE AUCH
980: **Ödipus**
S.358; 981:
Socken S.50

982 MACBETH

Shakespeares Tragödie des Helden auf Abwegen, der durch Mord auf den Thron kommt, weckt profunde Zweifel über unsere Taktik oder die anderer bei beruflichem oder sozialem Aufstieg. Die trügerischen Prophezeiungen der Hexen, die zu Macbeth's Untergang führen, zeigen, wie gefährlich es ist, nur das zu hören, was man hören will.

Lady Macbeth (983), die ihren unentschlossenen Gatten zum Handeln treibt, erscheint weniger als Frau denn als dominierende archetypische Mutterfigur. Sie steht für latente Feindschaft zur Mutter oder anderen einflussreichen Frauen.

984 ROMEO UND JULIA

Die unglücklich Liebenden symbolisieren jede wegen Familien- oder Gruppenfeindschaft bedrohte Liebe. Träumer schließen daraus, dass sie ihr persönliches Urteil fällen und sich nicht vom Gruppendruck beeinflussen lassen sollen.

985 ASCHENPUTTEL

Die Geschichte vom Aschenputtel, das mit den Schwestern um die Hand des Prinzen wetteifert, bedeutet Schwesternrivalität um die Zuneigung des Vaters. Das Anziehen des Glaspantoffels, mit dem der Prinz seine Geliebte identifiziert, ist nach Freud Symbol des Sexualakts.

986 DON QUIXOTE

Der verwegene Ritter in Miguel de Cervantes' großem Roman verkörpert durch das Verfolgen seiner hochfliegenden Ideale mit extravaganten, aber altmodischen Mitteln die Warnung, das Leben realistisch zu sehen und keine unrealistischen Ziele zu verfolgen.

987 ALICE IM WUNDERLAND

Die Erzählung von Alice ist voll von Symbolen, die an die ersten Regungen kindlicher Sexualität erinnern. Alice, die durch ein Kaninchenloch in die Erde fällt, kehrt in den Mutterleib zurück. Dort findet sie phallische Symbole in den langen Ohren des **Weißen Hasen (988)**, im Zylinder des verrückten **Hutmachers (989)** und dem Caterpillar auf seinem Pilz.

990 PINOCCHIO

Die Marionette, die sich in einen Jungen verwandelt, symbolisiert den Wunsch, Ideen mit neuem Leben zu erfüllen. Das phallische Symbol der Nase, die bei jeder Lüge wächst, bedeutet sexuelle Schuldgefühle.

991 SHERLOCK HOLMES

Der große Detektiv, der unablässig logische Schlüsse zur Suche der Wahrheit anwendet, soll den Träumer dazu bringen, irrationalen Mystizismus bei der Suche nach Erkenntnis abzulegen.

STERNE UND PLANETEN

992 STERNE

Die Sterne drücken eine starke Identifikation mit dem Universum oder deutliches Minderwertigkeitsgefühl aus. Sie repräsentieren die das Unbewusste erhellenden Einsichten. Der am nördlichen Nachthimmel immer präsente **Polarstern (993)** hilft dem Steuermann und ist symbolischer Führer für alle, die die Tiefen des Kosmos erforschen wollen.

994 STERNSCHNUPPE

Die Bahn einer Sternschnuppe oder eines Meteors repräsentiert Geistesblitze oder Erinnerungen an einen Verstorbenen. Die als böses Vorzeichen erachteten **Kometen (995)** bedeuten kurzlebiges Vergnügen.

996 DIE SONNE

Die Sonne, das Herz des Sonnensystems, ist der Ursprung der Schöpfung und Erkenntnis. **Sonnenfinsternis (997)** bedeutet Konflikte mit Kreativität oder spiritueller Entwicklung.

SIEHE AUCH
996: **Sonnen-schirm** S.263, **Sommertag** S.283

998 DIE ERDE

Wenn wir die Erde vom Weltraum aus sehen, fühlen wir emotionale Unsicherheit, sind haltlos in einem gnadenlosen Universum. Der Traum vom Verlassen der Erde bedeutet Furcht vor dem Tod.

999 UND 1000 DER MOND

Träumende sehen den **Vollmond (999)** als Symbol von Hoffnung in dunkler Zeit. Der **Halbmond (1000)** symbolisiert Ambivalenz.

1001 MARS

Der Planet, auf dem die Menschen Leben zu finden hofften, manifestiert unseren Wunsch nach Gesellschaft als Individuen und als Spezies.

INDEX